恋愛
引き寄せ
ノート

「でも」「だって」が口グセだった
私が変われた！

西原愛香

KADOKAWA

あなたの頭の中は
「でも」と「だって」でいっぱいになっていませんか？

「でも、私には出会いがないから」
「でも、私には運がないから」
「だって、あの子は可愛いから」
「だって、あの人は昔からモテていたから」……

「でも」と「だって」は
あなたの可能性を閉じ込めてしまう〝呪いの言葉〟。
だから一刻も早く「でも・だって」を卒業してください。

あなたがやるべきことは、ただひとつ。

望む未来をイメージし、
ワクワクすること、ホッとすることをノートに書き集めること。

すると心が整って、
宇宙からのサポートをたくさん受け取ることができます。

宇宙の力は、絶大です！
意外なところから、意外なご縁がつながって
「欲しい」と思うものを引き寄せることができます。

理想の男性との出会い。
別れた彼との復縁。
ずっと待っていたプロポーズも。

これは恋愛に限りません。
仕事も収入も。趣味も、人間関係も。
あなたが「こうしたい」と思ったとおりの現実に
変わっていくのです！

「叶う引き寄せ」の法則を使って、
諦めようとしていたことに
もう一度チャレンジしてみませんか？

自分の可能性を
もう一度信じてみませんか？

この本は、「叶う引き寄せ」の方法をお伝えする本ですが、

同時に、
「でも・だって女」だった私が、
どうやってそんな自分を卒業できたか、
その道のりを振り返る本でもあります。

私だけでなく、たくさんの女性たちが
「でも・だって女」を卒業し、
素敵な恋や結婚を手にしています。

だから私は、自信を持って断言できます！

「次はあなたの番ですよ♡」

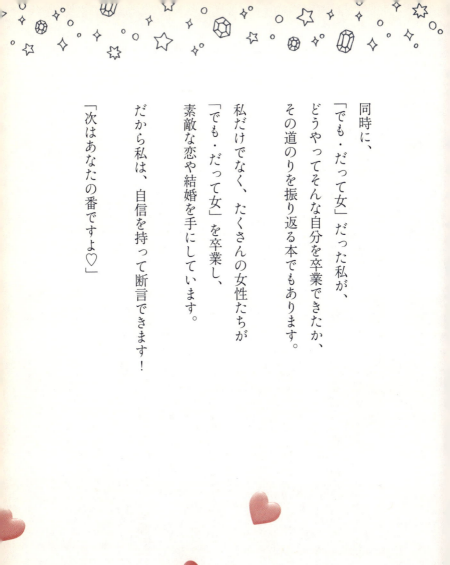

Prologue

「書くだけで幸せに」。

こんにちは。西原愛香です。私は現在、恋愛に悩むたくさんの女性に、「叶う引き寄せ」の法則をセッションやセミナーでお伝えし、受講生のみなさんからも続々と嬉しいご報告をいただいています。

・セッションで「理想の彼に出会うノート」を書いた2ヶ月後、設定以上のパートナーができました！（30代受付）
・結婚指輪のカタログに、愛香さんに「結婚おめでとうございます♡」と先取りメッセージを書いてもらったら、3ヶ月後に突然彼からプロポーズが！（20代美容部員）
・恋愛ノートの設定後、復縁したかった彼との関係が急激に加速♡　毎週デートのお誘いが来るようになり、復縁できました。（30代会社員）
・引き寄せをはじめて4ヶ月、人生初のパートナーができました！　し

かも見た目も中身も設定どおりの素敵な男性です。（40代会社員）

・「逆設定ノート」でこれまで家事を全く手伝ってくれなかった主人がすぐに変化し、積極的に家事を手伝ってくれるようになりました。私のイライラも改善し、これまで以上に夫婦円満になれました！（20代主婦）

……などなど。

私自身も、引き寄せノートで、様々な「無理」を叶えてきました。

人生が、**自分の願いに素直になったことで、とても充実した毎日へと大きく変化したのです。**

具体的には、ブログのアクセス数のアップや、好きな仕事での起業、収入のアップ、彼との復縁やパートナーシップの向上、そしてプロポーズまで。これらは全て、ここ数年の間に起きた出来事です。

自分自身はもちろん、一番驚いているのは家族と昔からの友人でしょうか。特に母親からは「地球がひっくり返ったみたい」とまで言われました。

以前の私は、不幸オーラが漂っており、悲劇のヒロイン感が満載で、そんな要素が一切なかったからです。

恋愛では泣いてばかり、振られてばかり、振り回されてばかり。

それに、好きなことや趣味もなく、何の仕事をしても2年以上続いたことはありませんでした。お給料が低い、人間関係が辛《つら》い、責任が重すぎる、ノルマを争うピリピリとした雰囲気が合わないなど、「でも」「だって」と何かしらの不都合を見つけては退職し、転職を繰り返していました。

「社会不適合者だ」と、よく言われていたくらいです。今だから笑えますが、当時の私はそんな自分のダメ女具合に真剣に悩んでいました。


この本では、そんな私でも変わることができた、**5つの引き寄せノート**をご紹介しています。

「引き寄せの法則」にはいろいろなやり方があります。効き目が現れやすいものと、そうでないものがあります。また、本にはあまり書かれていないことが実は大切な実践のポイントだったりします。

私が様々なことを実践し、どうして叶わないのか、どう書けば叶うのかをまとめ、そしてストンと腑に落ちたのが「現実的な引き寄せ」の思考法です。

「これをやれば叶う！」という法則を独自に組み合わせて完成した5つの「引き寄せノート」は、私だけでなく、たくさんの女性の引き寄せを叶えてきました。

・男性には、いつも自分からばかり連絡をしている。
・付き合っているのか分からない曖昧《あいまい》な関係が続いていて苦しい。
・いつも必ず私が振られる。どうして？
・彼氏がオレオレ系で振り回されっぱなし。
・ケンカのとき、私のせいで彼が不機嫌なんだと、いつも自分を責めてしまう。

・まわりの友人の結婚ラッシュに焦《あせ》るけれど、なかなか素敵な出会いがない。
・長年付き合っている彼が全然結婚してくれない。
・……っていうか、そもそも好きな人すらいない！

そんな人にこそ、ぜひ読んでいただきたいと思って、この本を書きました。
なぜなら、私が元々かなりのダメ女だったから。
ダメでいいんです。
ダメ女だからこそ、分かることがある。
そして、ダメだと気付けるからこそ、成長できる。
「ダメ」は幸せのスタートです！
「叶う引き寄せ」の法則は、おまじないではありません。
何かを手に入れることが目的でもありません。

私が伝えていることは全て、引き寄せの法則を利用した「自分自身との向き合い方」です。なんだか地味に感じるかもしれませんが、これをできない人がとても多いのです。

自分との向き合い方が上手になると、人生を「自分らしく生きられる」ようになり、がらりと変化します。

人は、すぐに「無理だ」と決めつけて諦めるけれど、人生は一度きり。

自分の可能性を信じることで、未来は無限に広がることを、私は体現しています。

全ての女性が愛される自分に自信を持ち、彼への不満もゼロになる！

そんな、自分自身の整え方の魔法が「引き寄せの法則」です。

この本を手に取った瞬間から、あなたにも、もう引き寄せがはじまっているのです。

西原愛香

Contents

Lesson

2

ブロックの外し方。

「でも」「だって」女を
卒業して、
自分を満たす

Lesson 3

現実的な引き寄せ。

妥協しないで最高のパートナーに出会う

Lesson

4

幸せ思考へのフォーカス。

ガマンと遠慮を手放して深く愛される

Lesson
5
本音に正直に。
そして私も
プロポーズされる♡

Lesson

1

「書く」意識改革。

あなたも必ず
最高に愛されるパートナーに
出会える♡

「叶う引き寄せ」には秘密がある♡

第1章では「叶う引き寄せ」の法則と秘密をお伝えします。

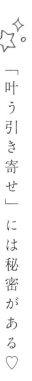

実は私は、引き寄せの法則を知った当初、「本当にそんなものがあるのかな」と、かなり疑っていたんです。

というのも、昔から類似の本には興味があって読んでいたものの、**叶った実感**が少なかったから。特に恋愛面ではほとんど効果がなくて、正直なところ**「恋愛って、そもそも相手がいることなのに、自分の願望だけで叶うのかな？」**という疑いや不安を持っていました。

また、本に出てくる引き寄せの法則を実践した人たちの「叶えたことリスト」が、あまりにも自分の現実とはかけ離れていて、全て他人事《ひとごと》のように感じていたのです。

例えば、「好きなことを仕事にしたら月収が7桁になった！」という話や、

「6年も彼氏ができなかったのに半年間で結婚まで叶った！」という話。読んだ瞬間に「自分には叶えられないだろうな」という思いが頭に浮かび、半ば諦めてしまっていました。

転機は2年前。私の引き寄せの師匠「Ｈａｐｐｙさん」と出会い、その認識がガラッと変化します！

最も驚いたのが、**引き寄せの法則は物理学がベース**だということ。

物理学って現実に存在する物質について取り扱った学問です。

このことを知った瞬間、**「もしかすると、本当に誰にでも叶えられるのかもしれない！」**と、ワクワクしたことを覚えています。

さらに『スピリチュアルと物理学』（柊木匠著／ＢＡＢジャパン）という本を読み、引き寄せの法則は見えない世界の話ではなく、量子力学という「宇宙の波動の法則」だと理解したところから、私の本格的な実践がスタートしたのです。

「物理学がベース」と書くと、なんだか難しそうに感じますよね？

だけど大丈夫！

ここでは引き寄せの法則に関する情報のみを、簡潔にお話しさせていただきますね。


量子力学の研究では、私たちの全身の細胞は、素粒子《そりゅうし》という、目には見えない小さな小さな粒が集まってできていることが明らかになっています。

素粒子とは原子や電子核をさらに細かく分解したもので、物質を構成する最小単位。人間だけではなくて、動物も植物も、そして机なども同様に、素粒子がたくさん集まってできているのです。

この素粒子は、常に振動を持って動いていて、この振動のことを、**「波動（＝エネルギー）」と言います。**

つまり、私たちは粒であり、波なのです。

全てに繋がる「波動」の原理

私達のベースは、粒であり波である。

例えば、あなたと彼がケンカをして、不安な感情でい続けた場合、あなたからはずっと不安の波動が出続けます。すると、不安の感情が引き寄せの作用点となり、忘れた頃の未来で、不安な現実が引き寄せられてしまいます。

この現象を「引き寄せの法則」と呼ぶのです。

怒りの感情も、喜びの感情も……全てこの法則が働いています。


つまり、**引き寄せの法則とは、「自分が発した波動と同じ波動の物事が起こる」**ということ。

ワクワクの波動を出し続けていればワクワクすることが、楽しい波動を出し続けていれば楽しいことが、安心の波動を出し続けていれば、安心する出来事が、磁石のようにピタッとくっついてくるイメージです。 ただし、自分が出した波動が現実化されるまでには、1ヶ月近く時間がかかると言われています。この時間は人によっても異なるそうです。

実は、物事だけではなくて、人間も同じ波動の人同士が引かれ合います。

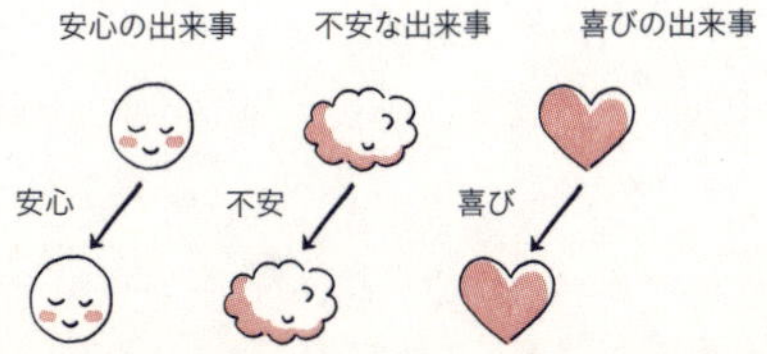

安心の出来事
不安な出来事
喜びの出来事
安心
不安
喜び

楽しい人は楽しい人を、不安な人は不安な人を引き寄せます。

同じ波動の人と一緒にいるときに、お互いに居心地が良いなと感じるのです。

人間関係で悩んでいる人は、自分と相手の波動が違っているだけ。

「波動が合わない」という言葉もあるように、性格の不一致などと悩むよりも、「この人とは波の動きが違うんだな！」と割り切ってしまった方がスッキリします。


引き寄せの法則はおまじないではありません。

あなたが寝ているときも、起きているときも、意識しているときも、意識していないときも、いつでも自然と働いている原理なのです。

「ふと」思うこと、無意識を味方にしよう

あなたは、**ふと「こうなるかもしれないな」**と感じたことが、現実に起こった経験はありませんか？　なんとなく「あの場所に行きたいな」と行ってみた

場所で、人生を左右する大切な出会いを経験したことはないでしょうか？

ふとそう感じた。なんとなく思った。

この感覚は、私たちの**「無意識」**の部分から浮かび上がってくるものです。

私たちの意識には、意識と無意識の2種類があります。この2つは仏教では「自我」と「真我」と呼ばれているなど、他にも様々に表現されています。

本書では意識のことを「自分の意思」、無意識のことを「宇宙」と呼ぶことにします。


私たちが日常で意識できる部分はたったの5%で、残りの95%は無意識が占めていると言われています。この95%の「無意識」が引き寄せの鍵なのです。

「ふと感じた」「なんとなくそう思った」という感覚は、宇宙からのメッセージであり、大切な引き寄せのサイン。この感覚に、素直に従って行動してみると、人生が変わります。

引き寄せの波に乗っている状態＝心の声に従っている状態です。自分の感覚を大切にしながら、人生の流れに乗っている状態だと、とてもラクに進んでい

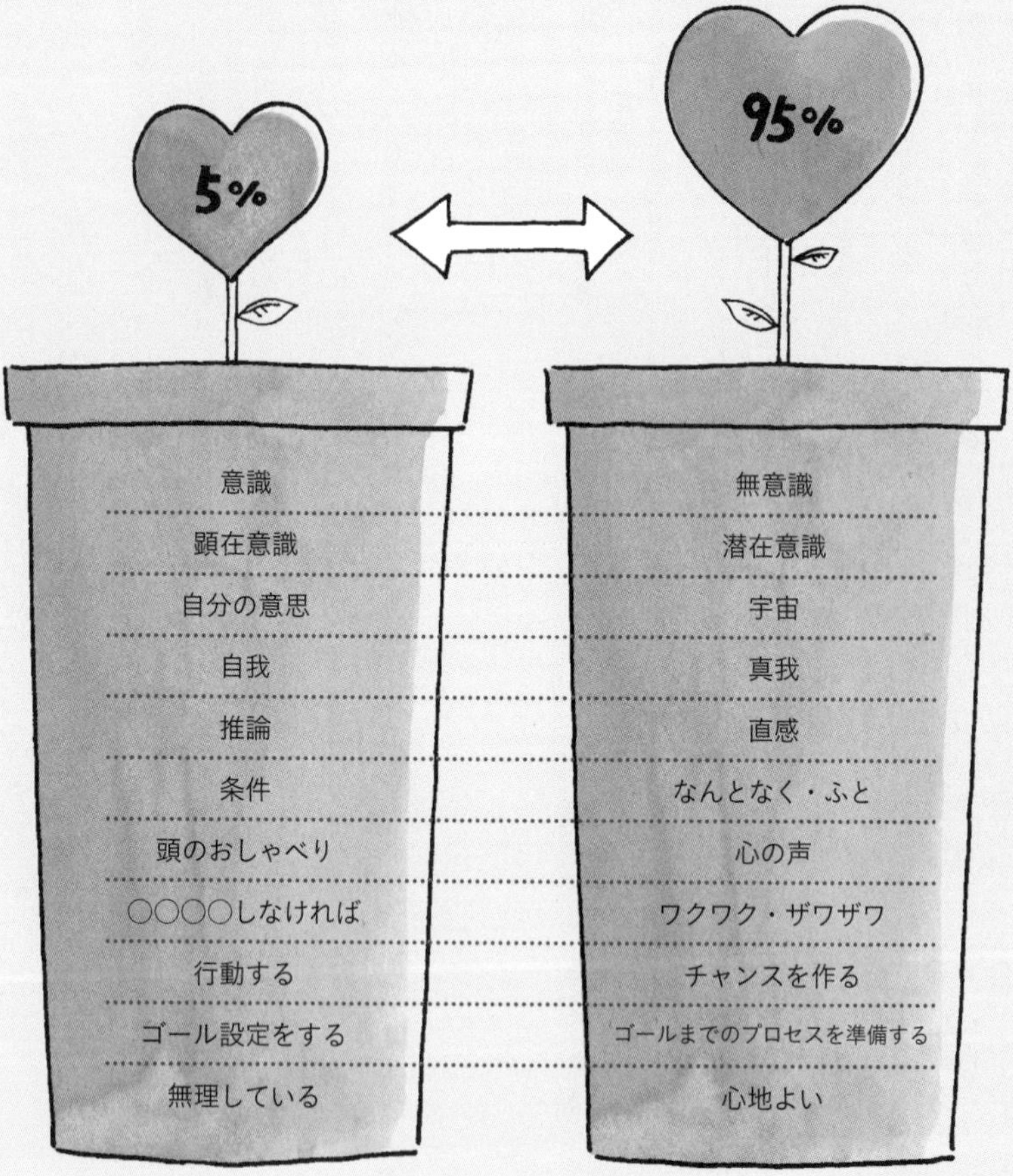
5%
95%
意識
無意識
顕在意識
潜在意識
自分の意思
宇宙
自我
真我
推論
直感
条件
なんとなく・ふと
頭のおしゃべり
心の声
○○○○しなければ
ワクワク・ザワザワ
行動する
チャンスを作る
ゴール設定をする
ゴールまでのプロセスを準備する
無理している
心地よい

けます。

一方、人生の流れに逆行して進む場合はどうでしょう。

ここでは、川下りをイメージすると分かりやすいかもしれません。

川の流れに逆行すると、ものすごく大変だと思いませんか？

引き寄せの法則でも同じことが言えるのです。

ふと浮かんだ本音を無視して、誰かを「好き」な気持ちに嘘をついたり、何かを「イヤイヤ」続けていると、苦しみが生じます。

苦しみの感情は、**自分の本音に逆らって進んでいる場合**に起こるのです。

「強制ストップ」には逆らわない

「なんだか最近、いろいろな状況が滞っているな」「がんばっても良い結果が出ないな」というときは、宇宙からの強制ストップのサインかもしれません。

ひとつ、私の友人の例を紹介しましょう。

彼女は、自分の「好き」な接客の仕事をがんばっていたのですが、不規則な生活を心配した夫のアドバイスを受け容《い》れ、彼女自身も家庭を第一に考えようと、半日勤務の事務の仕事に転職を決めました。

仕事の負担が減り、時間的にはかなりラクになったはずでした。ところが仕事へのやりがいを失った喪失感と、職場の人間関係のストレスが重なり、彼女はかえって体調を崩して寝込んでしまったのです。

この時点ですでに、宇宙からのストップサインが出ていたのですが、それでも彼女は「がんばろう！」と仕事を続けます。すると、仕事上で多額の損失を出してしまい、自分で責任をとらなくてはならない状況に陥ってしまいました。

このように、川の流れと逆に進むことを続ければ続けるほど、大きな問題が起きて**「強制ストップ」**がかかります。そんなときは、自分に問いかけてみましょう。**「私は、本当はどうしたいのか」**と、**心の声を確認するのです。**

彼女も一度立ち止まって考えたそうです。そこで出た答えは「自分にとって、仕事のやりがいは思った以上に大切なものだった」というものでした。

彼女は自分らしく生きることを決意し、再び好きな仕事に転職します。

すると、あっという間にその会社で昇格し、様々な仕事を任されるようになったそうです。さらには、家庭の事情も考慮のうえ、規定にはない理想どおりの勤務形態も提案してもらったのでした。

ふと浮かんでくる心の声に耳を傾けてみてください。
それは引き寄せを起こす大切なサインかもしれません。
どんなときも「私」の進むべき道を一番知っているのは「私自身」です。
焦らずにゆっくりと。今ある流れを感じてみてくださいね。

望みは「95％の宇宙」にオーダーし、「5％の自分の意思」でつかみとる！

私たちの現実は、実はいつでも私たちが望んだとおりのことが起きています。
「えー！ 私はこんな現実、望んでいませんよ！」と思う人もいらっしゃるでしょう。

しかし、この世界では、**良いことも悪いことも、自分の思ったとおりのことが起こる**ようになっています。だから、なんでもすぐに諦めてしまう人は、望む未来を引き寄せることができないのです。

これは引き寄せの法則の大切なポイントです。

引き寄せの法則で、叶えるための大きな力となるのは、意識の95％を占めている無意識＝宇宙です。

でもこの「宇宙」は、なんと！「良い」「悪い」のジャッジができません。

例えば私が「こんなことが起こったらどうしよう」と、不安の波動をずーっと送り続けていた場合、宇宙はそれをオーダーだと思い、「この子は不安を見たがっているから、見せてあげなきゃ！」と、アラジンの魔法のランプのように、その不安を現実化してくれるのです。

このように、引き寄せの法則においては、**「願ったつもりのないことが、願い（オーダー）になってしまうことがある」**ということを、よく理解しておく必要があります。

せっかく素敵なオーダーを書いても、「どうせ無理だろうな」と思っていると、だいたい叶いません。なぜなら**「無理」**と思った時点で、宇宙には**「私には無理だという状況を見せてください」**という**「無理のオーダー」**として伝わり、それが実現されてしまうからです。

でも、「無理」と思っているのは、あなたの中のたった5％を占める自分の意思だけなんです。「無理」を手放して、残りの大きな95％の力＝宇宙にお任せしましょう。

1点だけ注意したいのは、95％の宇宙はオーダーを実現するために必要な「チャンスを回してくれる」のが仕事だということ。チャンスを最後につかみに行くのは5％の自分の意思です。覚えておいてくださいね。

引き寄せ体質になれる3つのプチ習慣

あなたのまわりに、すごく努力をしているわけではないのに、なぜかラッキーなことばかり起こる人や、いろいろなものを手に入れている人っていませんか？　そういう人たちは、**「引き寄せやすい体質」**になっているのです。

あなたも、ちょっとしたことで引き寄せ体質に近づけます。これならすぐにできそう！と思えるものから、日常の生活で意識してみてください。

引き寄せ体質な人は……

①いつも口角が上がっている！

「口角を上げるだけで、脳が幸せだと勘違いする」。

こんな言葉を聞いたことはありませんか？

実際に、「笑うと脳から快楽物質のドーパミンが分泌される」という研究結果も存在します。これは、作り笑いでも効果があるそうです。幸せを引き寄せるためには、まず自分自身のエネルギーが「幸せ」であることが大切です。

②行動力がある！

「いつかやろう」と思うクセがある人は要注意！

「今」より早いときはありません。

「やろうと思っているけれど、なかなか動けない」状態の人は、動けないことがクセづいています。

私の講座ですぐに変化を起こしている人は「すぐに実践してみました！」という人ばかり。行動力があり、積極的に動ける人は、突然のチャンスも逃がさないのです。

③失敗を怖がらない！

行動できない人は、失敗を怖れています。

でも私はむしろたくさん失敗してほしいと思っています。

なぜなら、大きな変化を起こす人は、失敗から気付きを得ているから。

失敗した方が強くなれるし、自信が持てる。

成功の反対は失敗ではありません。

むしろ失敗した数だけ成功があるんです。

引き寄せが「叶わない」人の4つの特徴

引き寄せが叶わない人にも、共通するポイントがあります。このポイントにはまっていると、宇宙からのサポートを得られず、引き寄せが起こりにくくなります。

ポイントは4つ。もしあなたが「引き寄せが起こらない」と悩んでいるなら、どれかに該当しているかもしれません。

引き寄せが叶わない人は……

①他人を羨ましがってばかりいる

1つ目は、叶わないのを才能や運のせいにしていることです。

私も小さな頃からずっと誰かと比較され続けていて「私にはできない。あの人だからできるんだ」という考えを持ち続けていました。

「あの子は運が良いからできたんだ。でも私には、運も才能もないし……」と、努力も挑戦もしていないのに、他人を羨《うらや》ましがってばかりいました。

振り返ってみると、自分らしく活躍している友人たちの共通点には、まず根底に**「私にもできる」という根拠のない自信**がありました。

根拠は後からついてくるもの。

「私にもできる！」と思わない限り、踏み出すことすらできません。

まずは踏み出してみる。

その後についてくる経験と努力が、自信に繋がっていくのです。

私は思考を変えて**「あの人にできることは、私にもできる」**と考えてみるようになりました。

すると、私だけの道が少しずつ開けてきたのです。

あなたも、自分はなかなか人を好きになれないと決めつけていたり、好きな人の本命にはなれないと諦めていませんか？

こうした**「できないという思い込み」**は、本当にもったいないのです。

この思い込みは、子供の頃から両親に言われて育った言葉や、一般常識、周囲の意見やテレビ番組など、様々な情報で作られています。

遠慮しているのはあなたの内側にある5%の小さな意思だけなのです。

だから、願いに妥協は必要ありません♡

「こんな願い、無理だろうな」という思い込みに気付けたときが、最高のチャンス！　なぜ自分がそう思ってしまうのか、その背景に気付いて手放し、あなたの願いを「妥協しないで、図々しく」設定し直してみませんか？

②自分でブレーキをかけている

引き寄せの法則は、「今すぐ叶っても大丈夫」という本気の願いしか叶わないようにできています。

あなたも、口では「たったひとりのパートナーに出会いたい！」「早く結婚がしたい！」と言いながら、本音では「いつか叶えばいいや」とか、「まあ、うまくいけばいいな」という、ぼんやりとした願いだったりしませんか？

こうした願い方は、実は引き寄せにブレーキをかけていることになるのです。

例えば、「長らく彼がいない」「好きな人もいない」という状況だとします。引き寄せで「今すぐ結婚する！」とオーダーした場合、あなたは自信を持って叶うと言い切れますか？

もし言い切れないなら、実現するのに時間がかかります。

願いが現実的ではないからではありません。どんな状況でも「叶う」とあなたが**自信を持って言い切れる願い**なら、引き寄せられるのです。


実際私も、結婚を願いながらも、心の中では「もう少し仕事もがんばりたいな。1年後でもいいかな」「家族の付き合いとか面倒くさいな」なんて思っていたことがあります。すると、そのとおり結婚の時期は延びていきました。

そんな自分に気が付いたとき、改めて「私は今すぐ結婚がしたいのかな？」と問い直しました。すると、やっぱり「結婚したい！」と思ったのです。だから、「今すぐ、その面倒くさいことが全部起きても大丈夫‼」と背負う覚悟を決めたところ、彼からのプロポーズを引き寄せたのです。

自分にとって都合のいいことだけが叶えばいい、イヤなことは避けたいと思っているとき、引き寄せ的にはアクセルとブレーキを同時に踏んでいる状態です。あなたも、アクセルと同時にブレーキを踏んでいるのかもしれません。

なかなかオーダーが叶わない人は、叶わない方がラクな理由を持っています。

一刻も早く自分が踏んでいるブレーキに気付き、思い切ってブレーキを外すこと。それが「幸せになる覚悟」です。

あなたが本気で決めたことは、もう叶う以外はあり得ません。

私は、覚悟を決めることで想像以上の引き寄せが起きた人を、これまでたくさん見てきました。きっと次は、あなたの番ですよ♡

③ランチのお店選びのときに意見を言わない

ランチのお店選びが、なぜ恋愛に関係するのか?と不思議に思いますよね。

実はこれは、引き寄せの基本になる大切な考え方に繋がっています。

あなたの目の前にある現実は、過去のあなたの選択の積み重ねでできています。引き寄せの法則では、望む未来を引き寄せるために、いかなる選択も、**「自分自身で決める」**ことが大切なのです。

女性は特に、話を聞いてもらったり、共感してもらうことで安心する人が多いと思います。私も昔は常に誰かに相談していました。子供の頃から自分の決断に自信が持てず、進路は母に決めてもらい、部活は初恋の人に決めてもらいました。これまでの人生は、少しもったいないことをしていたなと思います。「自分で決めたことで失敗するのが怖い！」「あと一歩が踏み出せなくて、誰かに背中を押してほしい！」という人もたくさんいらっしゃいます。

でも「決めること」で未来が開けたという人は本当に多いのです。
あなたは日々、どれくらい自分で決断していますか？
例えば身近なところでは、友人とのランチのお店を決めるとき。「何が食べたい？」と聞かれて「なんでもいいよ」と答える人や「あなたは何が食べたい？」

と聞き返している人は要注意です。

ときには自分で考え、提案する意識をしてみましょう。

「他人の声がきっかけで思い切った行動に出すぎてしまった」と後悔している人や、まわりの意見を聞くほどに「彼のことが信じられなくなった」という人も同じです。

たとえ親しい仲であっても、他人はあなたの人生を代わりに歩んではくれません。悪気なく無責任な助言をすることもあります。

できるなら自分の人生の選択は、自分自身で行っていきたいですよね？

④本音と衝動を間違えている

引き寄せの法則でいう「本音に従う」を徹底して行っていたら「衝動買いをしてお金を使いすぎた！」「友人がいなくなった！」という声を多く聞きます。

このように、実は、本音と衝動を間違えている人は少なくないのです。

引き寄せの法則を本気で実践した結果、なぜか不安になってしまったり、心地よくないなぁと感じるなんて、本末転倒ですよね。

なぜそんなことになってしまうのでしょう。

実は**「本音の聞き方」には少しコツがある**のです。

私は**「少し先の未来」を意識した引き寄せの実践**をおすすめしています。

例えば、すごく可愛いワンピースを見つけたとします。

こんなとき、あなたならどうしますか？

「今の本音」は、「買いたい！」ですから、本音に従うことを重視すると、すぐに購入してしまうと思います。

でも、少し先の未来を考えてみましょう。

つまり、買ったあとの自分はどうかな？とイメージしてみるのです。

もしかしたら今月はお金を使いすぎていて、買ったあとに後悔しているかもしれません。

そのような状況を防ぐために、買う前に「可愛いワンピースを着て出かけている自分」の心地よさと、「今は買わずに手元にお金が残った自分」の心地よさを比較してみるのです。ここで、可愛いワンピースを着て、毎日がよりハッ

ピーになっている自分が想像できるのであれば、買うことが正解。また、反対に買わないことでお金が残り、ホッとするのであれば買わないことが本音であり、正解ですよね。

あなたも、「本音に従うこと」に挑戦するとき、失敗したり、後悔したりすることがあるかもしれません。最初のうちは、それでいいのです。失敗や成功を繰り返す中で、本当の意味での「心地よさ」を感覚でつかんでいけるから。

選択に迷ったら、ぜひ、「少し先の未来を見越した」選択を実践してみてください。それが私のこだわる**「現実的な引き寄せの法則」**です。

今年中に結婚する！と宣言してみたら

友人の姉Mさんのこんな話を聞きました。Mさんは35歳の女性です。そろそろ年齢的にも結婚がしたい！と思い、新年の1月から「私、今年中には結婚するよ！」と家族に宣言しました。周囲からは「好きな相手すらいないのに何を言っているの？」と笑われていたそうです。

それから半年後の6月になっても、Mさんの状況は何も変わっていませんでした。しかし、Mさんはまわりの意見にぶれることなく「今年中に結婚する！」と宣言し続けていたそうです。すると8月、Mさんに転機がやってきました。

友人の紹介で出会った年上の男性と、すぐに仲良くなり交際がスタート。12月にはプロポーズをされて、結婚が決まったのです。

すごいと思いませんか？

Mさんは本気で幸せになる覚悟を「自分の中で」しっかりと決めていたんですね。**彼女は無意識のうちに「引き寄せ」の法則を実践していたのです。**

「決める習慣」で人生が動きだす

「自分で決めることが苦手」という人は、まずは、**日常の小さな選択を本気でする**ことからはじめてみましょう。

もちろん大勢の場では、他人の意見を尊重することも大切です。

でも、心の中ではきちんと自分の意思を持つようにしてみましょう。

そして、自分の意思を問われる場では、何かしらの意見を発言するように心がけてみてください。

決断するときのコツは**「どちらを選んだ方が私は心地よい？」と自分に問いかけてみる**こと。例えば、友人に飲みに行こうと誘われた場合、行くか行かないかという選択を、**「条件」**は入れずに**「心地よさ」**だけで選択してみるのです。

つまり、その友人と「今」会いたいか会いたくないかだけで選択します。

「付き合いだから仕方なく」や「前回も断っているから申し訳なくて」と思うとしたら、それは95%の本音ではありません。5%の建前がおしゃべりしているだけなのです。

何がなんでも本音に従うゲーム！

私は以前、引き寄せの法則をストイックに実践していた頃、1ヶ月間徹底し

て、**「何がなんでも自分の本音に従うゲーム」**を行ってみたことがあります。

その1ヶ月は、「絶対に本音に従う」と決めて、自分の気持ちに正直に「楽しみな予定だけ♡」を選択してみたのです。

何を食べるか、などの些細《ささい》なことはもちろん、「誰と会うか」「誰と過ごすか」も常に本音に従うことにしました。

判断方法は、お誘いを受けたときに「ワクワクする」か「ザワつくか」。頭ではなく心に聞き「ザワつく」ときは思い切ってお断りするのです。

お誘いをする場合も、同様です。

すると、思いのほか気乗りしない予定を多く組んでいた自分に気付き、「これまでどれだけ、自分の本音を無視した人生を送ってきたのだろう！」と唖然《あぜん》としました。

休日も、尊敬する上司との約束や気心の知れた友人、憧れの人に会いに行く時間を積極的に作ってみました。すると、たった1ヶ月で、面白いほど引き寄せが起こり、希望の仕事につくことができました。

そして彼との関係もどんどん良くなっていったのです！

類友は作るもの

「類は友を呼ぶ」と言いますが、私は「類友は作るもの」だと思っています。なにより運気が良い人といるだけで、自分の運気も上がっていきます。人間関係も、波動の交換だからです。あなたもこれまでに、一緒にいる人と話し方が似てきたり、しぐさやあいづちが似てきたという経験はありませんか？「こんな人になりたいな」と思う相手と過ごしていくと良い気分でいられることはもちろん、いつの間にか波動が似てくるのです。

これは、**引き寄せの法則でいう「共振する」**ということ。

尊敬する人や憧れの人に近づきたい場合も、「共に時間を過ごすこと」が一番の近道です。

「昔からの友人だから」「会社の付き合いがあるから」といった理由で、大切

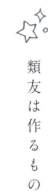

な時間を浪費しないこと。
もちろん、突然絶縁する必要はありません。「今は」少し距離を置くだけです。
「時間は命」だから、なるべく大切なものに使いたい。
それが、ストイックに引き寄せの法則を実践してみて感じた私の本音です。

このように、**自分の心の声を聞くクセをつけることで、より本音の願いが叶いやすくなります。** この実践を行った受講生のYさん（20代自営業）からは、「以前よりも友人は減ったけれど、本当に必要な人とだけ時間を過ごせるようになり、幸福感が高くなりました！」とのお声をいただきました。

「ありえない」を「ありえる」に変えた引き寄せノート

彼が変わるなんて「ありえない」。
あの子は好きな仕事ができるけど、私にはそんなこと「ありえない」。

女性だけの職場だから、男性との出会いなんて「ありえない」。

今、あなたの中にはたくさんの「ありえない」があるかもしれません。

でもその「ありえない」も、たった5%の自分の意思の話。

引き寄せの法則では95%の宇宙の力を利用します。すると、たった5%で心配していた未来の不安のほとんどが「ありえる」に変わっていくのです。

私もたくさんの「ありえないだろう」という思い込みを持っていました。

復縁した彼に言われた「あなたとの復縁はありえない」。

家族から言われた「あなたが起業なんてありえない」。

転職を繰り返してばかりなのに「年収アップなんてありえない」。

たくさんの本を出している人に言われた「出版はありえない」。

でも、この世界が全て「私が信じたことが正解になる」と気付いたときから、ありえないであろうことを、たった数年の間で叶えてきました。

「未来は自分自身で決めていく」ことができるのです。

たった5％の力を必死に使っても、願いを叶えるには限界があります。

95％の大きな力が味方をしてくれたら、想像以上の現実も可能になるのです。

どうして「書く」と叶いやすいの？

私がノートに書いたことは、設定から2～3ヶ月以内にほとんどの願いが叶っています。講座の受講生も、出会いが全くない状態からノートを書いて2ヶ月後に素敵な男性とお付き合いがスタートした人、「やりたいことが全く分からない！」と言われていたにもかかわらず、半年後には好きなことを仕事にした人など、次々と願いが叶っています。


なぜ書くと願いが叶いやすいのでしょうか。

引き寄せノートを書くことは、「ゴール設定」だからです。

例えばダイエットも、最初に何キロやせたいのか、どんな体型になりたいかなど、具体的にゴール設定をした方が達成しやすいと思います。

人は意識を向けたゴールに向けて必要な情報を、無意識的にキャッチできるようになっているから。これが95％の宇宙の力を利用できている状態です。

逆に「なんとなくやせたい」「なんとなく彼氏が欲しい」「そろそろ結婚したいかも」などの漠然としたゴール設定では、そこに意識が向きにくく、宇宙のサポートも入りません。


引き寄せノートを書く意味は、**「自分で未来を決める意識を育てる」**ことや**「未来に対してポジティブな期待をする」**という意味合いがあります。ぜひ自分の心に遠慮せず、設定を行ってみましょう。

特に、ついついマイナスなことばかり考えてしまうという人や、日常でなんとなく不安を感じる時間が多いという人にもおすすめの方法です。

欲しい未来を「見える化」するメリット

実際にノートを書いてみることで「ぼんやりあった不安が消えていきました」

という感想もよくいただきます。

欲しい未来を「見える化」することで、不安が安心に変わるのです。

脳内でただ思考をコントロールするよりも、視覚を通して確認した方が、安心感が強くなります。**脳だけの力を使うよりも、体も使って意識を向けてあげる方がより強いパワーを持ち、願いはずっと叶いやすくなるのです。**


意外と頭の中はごちゃごちゃしていて、本当は自分が何を求めているのか、自分でも分かっていないもの。「私はどんな彼が理想なんだろう?」とか、「どんな結婚がしたいんだろう?」と書いてみたときに、「あれ、これって私が今追いかけている人に当てはまっているのかな?」と、ふと思う人もたくさんいます。苦しい恋愛をしている人は、特にそうです。

そこから「私の望んでいるものは、本当はこっちだった!」という気付きに繋がることが多いので、その意味でもノートを書くといいと思います。


ノートを書く際は、お気に入りのノートに、好きな色のペンを使って書くなど、**楽しめる工夫をプラスすることで、感情のエネルギーはより良いものへと高まっていきます。**

書き方のルールはないので、罫線をはみ出して書いてもいいし、罫線に沿ってきっちり書いてもＯＫ。案外、汚い字でも叶っています！

シンプルに書く方が心地よい人はそれが良いですし、可愛くデコレーションすると気分が上がるという人は、そうしましょう。「〇〇しなきゃダメ！」という制限があると、だんだんと心地よさがなくなってしまいます。

ぜひあなたらしく楽しんで書いてください。

私は手書きを推奨していますが、スマホのメモ機能を利用してもかまいません。私も未来設定に関しては、ときどきスマホのメモ画面に書いています。

ただ、**手書きの方が叶いやすい実感があります。**

それは、手書きの方が感情が乗りやすいからかもしれません。

5つのノートで、引き寄せを現実化しよう!

ではいよいよ、**5つの引き寄せノート**をご紹介します!

私が「こんなに引き寄せちゃっていいの⁉」というくらい引き寄せられるようになったのはこのノートを書くようになってからです。毎日書いていたわけではありません。それぞれを必要に応じて使い分けていました。

ノートは、前向きな思考を定着させるためのもので、義務ではありません。あくまでも、楽しむことや安心することが目的です。

①今ある豊かさに気付くノート
②自分イイね!ノート
③理想の彼に出会うノート
④逆設定ノート
⑤プロポーズを引き寄せるノート

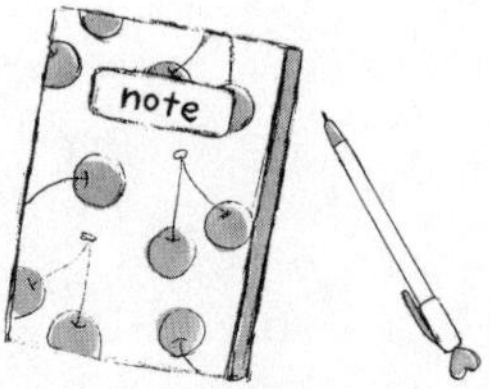

最初の2つは**波動を整えるノート**です。

書いてもオーダーが叶わなかった頃は、彼氏がいないことや仕事がつまらないなど、自分に足りないものばかりを考えていました。つまり「不足」の波動を出していたのです。本章でも説明しましたが、不足の波動は不足している現実を引き寄せます。だから、望みが叶わなかったのです。

そのことに気が付き、自分の波動を変えるために、満たされている自分に目を向けるためにはじめたのが**①「今ある豊かさに気付くノート」**です。

そして自分の感情を良い状態にすることが重要だと理解し、**②「自分イイね！ノート」**を書きました。それまでの私はとにかく自己卑下の気持ちが強く、何をオーダーするときも「無理かもしれない」という気持ちを手放せなかったため、やはり叶うはずがなかったのです。

この2つのノートは同じ時期に1ヶ月くらい書いていました。不足に目がいきがちな日は、「今ある豊かさ」を書き出してみる。「自分イイね！」は、気が向いた日に、日記感覚でスケジュール帳に書いていました。

③「理想の彼に出会うノート」からは、いよいよ未来設定のノートです（ただし、①②の2冊のノートで引き寄せられる土台を作ってから、このノートにとりかかることが、引き寄せを叶える重要なポイントです）。
「今日は未来設定を書きたいな！」と気分の乗っている日に書きましょう。定期的に書く必要はありません。新しい望みが浮かんできたときや、書き直したいなと自分が思うタイミングで、書き足したり、書き直したりしてください。

そして、彼とケンカしたときに書くのが**④「逆設定ノート」**です。このノートのおかげで、自分の感情を彼にぶつけることが少なくなり、ケンカをしてもスムーズに仲直りできるようになりました。彼に対して感情的に気持ちをぶつけてしまいそうなときは、今でもときどきこのノートを書いています。

順調に彼とのパートナーシップを築いていけるようになった頃、**⑤「プロポーズを引き寄せるノート」**を書きました。そして6ヶ月後「結婚してください」という言葉をもらったのです。

結論から言えば、どのノートも自分の思考を整えることが目的です。

書き続けているうちに思考が変わり、やがて書かなくても前向きな思考が定着していきます。

では第2章から、いよいよそれぞれのノートの書き方やコツを詳しくお伝えしていきましょう！

Lesson

2

ブロックの外し方。

「でも」「だって」女を卒業して、
自分を満たす

引き寄せノート

1

今ある豊かさに気付くノート

このノートはいつ書いてもOK。ポイントは、とにかくたくさん「今あるもの」を書くこと。1回だけで効果が出る人もいますが、私がおすすめするのは、毎日「幸せ」を集めていくことです。普段、スケジュール帳に日記をつけている人は、そのついでに書いてもかまいません。「豊かさ」というと、ものすごくゴージャスなことをイメージするかもしれませんが、ここで意識するのは、日常にある「小さな幸せをたくさん集めること」です。

小さな幸せは、悩みや不足に集中していると見過ごしてしまうもの。だから「書く」ことが大切なのです。

書き出してみると、今の自分は思っていたよりもずっと「豊かだったな」ということに気付けるはずです。これが「ない」にフォーカスしがちな心を、「ある」に変えてくれるのです。

・朝ゆっくり深呼吸をして、気持ち良い空気を吸うこと。
・太陽の光を浴びて伸びをすること。
・美味しい食事をいただくこと。
・空が綺麗だなと眺めること。
・友人と連絡を取ることや、家族と電話をすること。
・愛犬と過ごす時間。

こんなことも書いてみよう

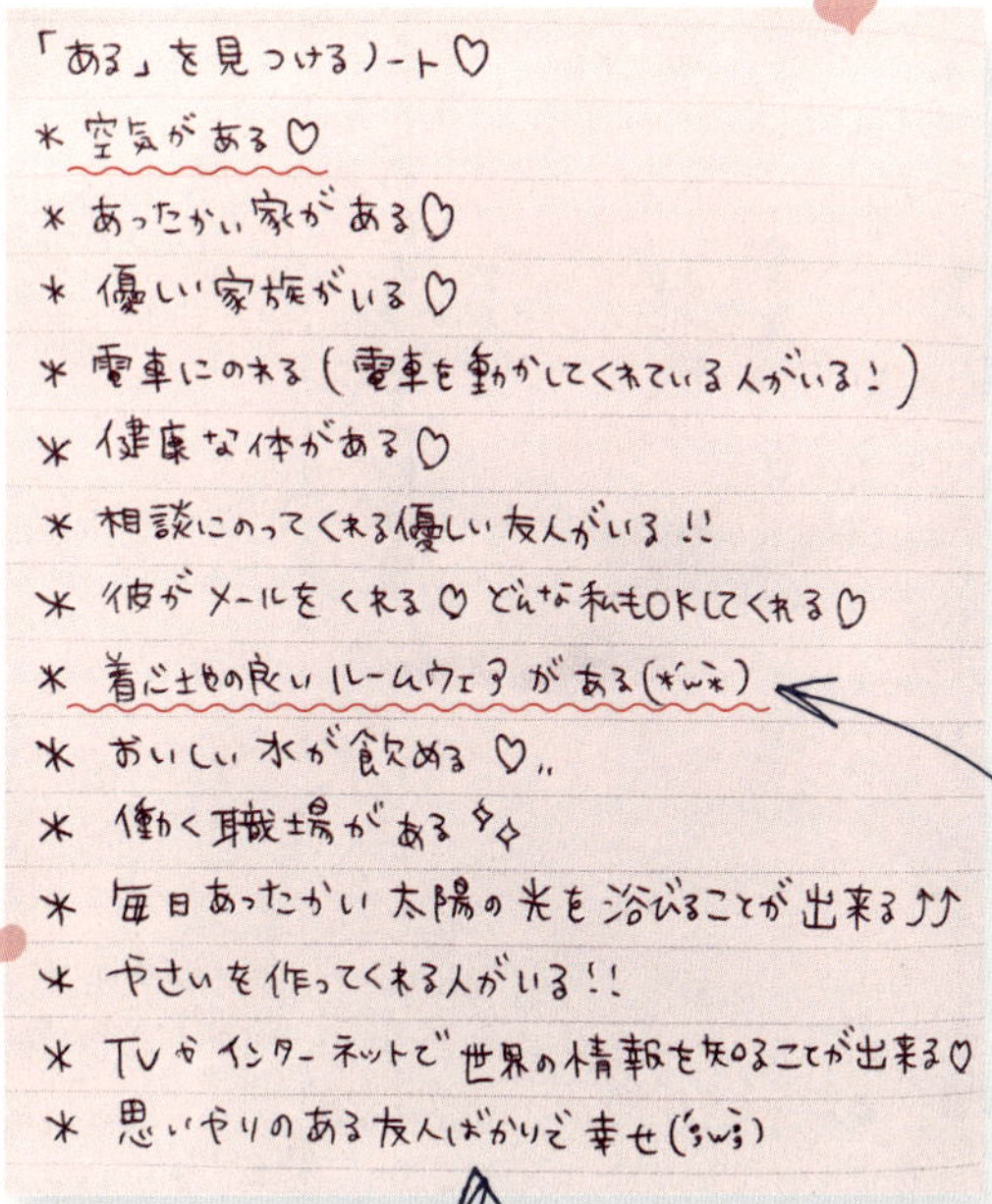
「ある」を見つけるノート♡
＊空気がある♡
＊あったかい家がある♡
＊優しい家族がいる♡
＊電車にのれる（電車を動かしてくれている人がいる！）
＊健康な体がある♡
＊相談にのってくれる優しい友人がいる!!
＊彼がメールをくれる♡ どんな私もOKしてくれる♡
＊着心地の良いルームウェアがある(*´ω`*)
＊おいしい水が飲める♡..
＊働く職場がある
＊毎日あったかい太陽の光を浴びることが出来る♪
＊やさいを作ってくれる人がいる!!
＊TVやインターネットで世界の情報を知ることが出来る♡
＊思いやりのある友人ばかりで幸せ(´ω`)

些細なことほど書き出そう

悪いこともこう書いてみよう

・仕事が忙しくて少しイライラしてしまった。
だけど、同僚がお疲れ様とお菓子をくれた。
・今日は疲れがたまって1日中眠かった。
だけど、ゆっくりお風呂につかって、
布団に入った瞬間に最高に幸せな気分になれた。

最初は「お菓子をもらったこと」なんて書いて、何がいいの？　と戸惑う人もいますが、戸惑いはいったん取り払って、小さなことを拾うことに集中してみてください。むしろ、「こんな些細なこと」ほど、書き出してほしいのです。書いていくうちに、楽しめるようになってきたら、いいサインです。

土台から波動を整えて、幸せ思考に

ここからいよいよ、引き寄せノートの書き方を具体的に説明していきます！

といっても、いきなり願いをオーダーする「未来設定」はしません。

「ええ！　それを知りたいのに！」と思った人も、ちょっと待ってくださいね。**願いを叶いやすくするためにも、その前に書いてほしい2つのノートがあるんです。**


1つ目は**「今ある豊かさに気付くノート」**です。

このノートは、**あなたの波動を変える**ノートです。

引き寄せの法則で何かを叶えたいと願うとき、人はどうしても「今私は持っていない」という、不足の波動を出してしまいがち。

例えば、彼氏がいれば幸せになれる、結婚すれば幸せになれると考えている場合、いくら5％の自分の意思で「彼が欲しい」と思っていても、潜在意識の

95％では「彼氏がいない」「結婚していない」という不足の波動を出していることになります。第1章でご説明したように、残念ながら、この「ない」「欲しい」の波動が引き寄せるのは、「ない現実」や「欲しいと思う現実」です。「ない」波動を持ったまま、テクニックだけで引き寄せをしている人はとても多いのです。だから、なかなか叶う実感が得られず、諦めてしまう。

豊かさを感じる現実を引き寄せるためには、まずはあなたが無意識のうちに発している不足の波動を「今すでに満たされている波動」へと変えていく必要があるのです。

そのために書くのが、「今ある豊かさに気付くノート」です。

私もこのノートで、自分の「ない」波動を「ある」波動へと変えたことで、彼とも出会うことができました。ダメ女だった私を変えてくれた最初のきっかけです。

引き寄せノート
2

自分イイね！ノート

このノートは、ありのままの自分を愛するためのノートです。書くコツはとても単純。自分のいいところをどんどん見つけて書いてあげるだけ。

例えば、私が料理を学びはじめた頃。これまでろくに料理をしたことがなかった私が、旬の野菜を選んでいる！　なんだか女子力が高い！と、自分に「イイね！」をしていました。

ポイントは、ほめているのが「美味しい料理を作れた」ではないところ。ただ野菜を選んでいるだけなのに「イイね！」をしているのです。日常的に「自分イイね！」をたくさん拾えるようになると、自信と運がどんどんついてきます。

ネガティブに考えてしまうことは少しだけ思考転換

・PMSが重い自分
→普段忘れがちな「身体を大切にする良い機会」
・気持ちが落ち込んでしまうとき
→彼に素直に甘えられた自分に、イイね！
・人付き合いが悪い自分→心から大切な人との時間を、大切にできている自分に、イイね！……という感じです。

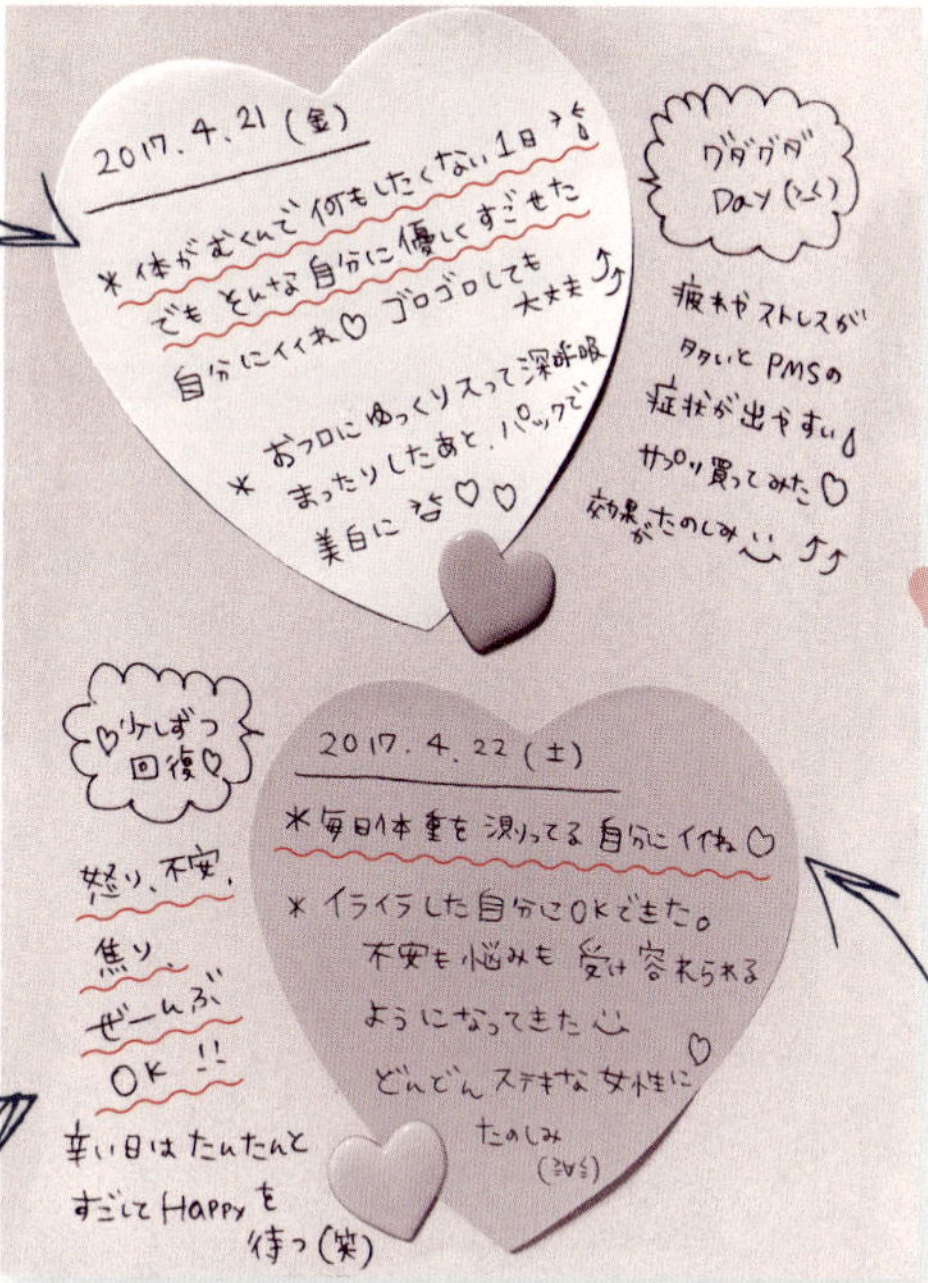

素直な自分にイイね！

時にはポジティブに考えることさえも、辛い日だってある。でも、それでいいのです。 悪いことがあった日は「うんうん、そんな日もあるよね！」と、素直な気持ちを認められた自分に「イイね！」をしてみましょう。すると 不思議なことに、起こる出来事も優しい現象へと変化していきます。ホッとしたエネルギーは、ホッとする未来を連れてきてくれるのです。

自分のいいところ探しの感覚で

・苦手な人に優しくできた
自分に、イイね！
・疲れている日に
早めに寝た自分に、イイね！
・自分を愛する努力を
している自分に、イイね！
これくらい、些細なことを
拾ってみてください。

ありのままの自分を愛そう

2つ目のノートは**「自分イイね！ノート」**です。

このノートは文字どおり、自分のいいところをどんどん集めて、**自己受容力を高めるノート**です。

自己受容についてはこのあとで詳しく解説しますが、**引き寄せの全ての土台になる、とても大切なものです。**特に自己否定のクセが強い人は、引き寄せテクニックの前に「ありのままの自分を全てＯＫする」過程が必要です。

宇宙の波動は、大きな愛と感謝の波動。私たちはありのままで愛されてよい存在だと、宇宙はいつも教えてくれています。あなたの波動を、本来宇宙が持っている愛の波動へと近づけることがこのノートの役割。

このノートが生まれたきっかけは、私自身がどうしても「ありのままの自分」を愛することができなかったからでした。

趣味もなく、やりたい仕事もない。仕事でも、いつもイヤなことばかりが気になってしまい、転職を繰り返していました。

恋愛も同じ。趣味や仕事に一生懸命な彼が羨ましい。どうすればもっと私を最優先にしてもらえるだろう。そんなことばかりを延々と考えていました。

思考転換ができずに苦しんでいた私が、**「ありのままの自分を愛する」**ことができるようになれた理由。シンプルな自分を愛する方法が、自分に「イイね！」をすることだったのです。

2つのノートで引き寄せがスピードアップ！

2つのノートは、どちらも**引き寄せの基本**となる、とても大切なノートです。「今ある豊かさに気付くノート」は特にこんな人にもおすすめです。

・まわりが結婚ラッシュなのに、私には好きな人すらいない。
・やっと素敵な人に出会えたのに、なかなか付き合えない。

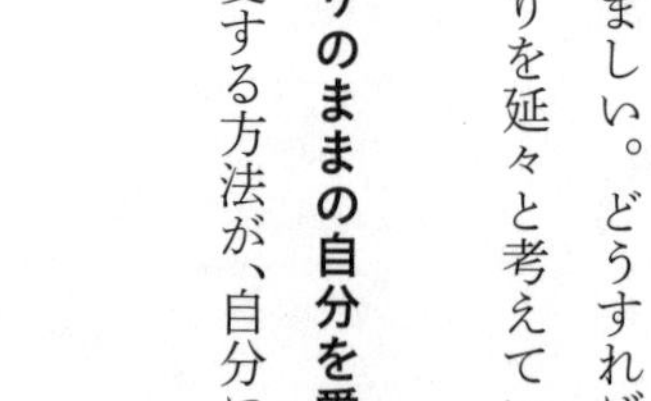

・いつも2度目のデートに繋がらない。
・同棲をして長いのにプロポーズされない。
こうした焦りや悩みを感じ続けているだけで、「ない」波動を出し続けてしまいます。そんなときこそ、「今ある豊かさに気付くノート」を書いて、普段は見過ごしがちな幸せに目を向けてみましょう。

「早く叶えたくて焦ってしまう」という人にも絶大な効果がありますよ。

以前、ワークショップでこのノートを書いていただいたところ、受講生のAさん（20代美容師）にすぐに効果が現れました。

Aさんは、「彼のメールが最近冷たい！」と悩んでいたのですが、ノートを書いているうちに、「こまめに連絡をくれていることがありがたいことだなと気付き、温かい気持ちになりました！」と、おっしゃっていました。

そして、メールをもらえることに対して、感謝の気持ちを持つだけで、嬉しい引き寄せが次々と起こりはじめたのです！

デートの帰り道に、普段は見送りなどしない彼が駅まで送ってくれたことな

ど、彼の愛情を感じられる出来事が増えていき、不足や不満を感じることが減っていったそうです。

まずは、今ある幸せを感じることが、未来の豊かさを引き寄せることに繋がります。とても効果の高いノートですので、ぜひ書いてみてくださいね。

ポジティブ思考の選択のクセをつける

「自分イイね！ノート」を書くようになって、私は「こんなこともできないダメな自分」と自分に厳しくしすぎていたことや、それ以上に良い部分もたくさんあることに気付けました。自分を認められるようになって、より自分らしい人生を楽しめる私へと変化していきました。

こうして少しずつ思考転換をクセ付けていくとポジティブな思考の選択ができるようになり、不安のエネルギーが安心のエネルギーへと変わっていきます。

先日、セッション受講生のYさんからも『自分イイね！ノート』をつけてみたら、『意外と自分ってイイじゃん！』と思えるようになりました♡」と、素敵な感想をいただきました。

それ以上に印象的だったのが、Ｙさんの話す言葉が変化したこと。
思わぬことが起きたとき「でも、こんなことに気付けたから良かったです！」と、良い部分にフォーカスして話す姿に、芯の強さを感じました。

♡♡ どんな恋愛テクニックよりも「自分イイね！」が効く♡

・相手に遠慮してしまい、本当は言いたいことがあるのにガマンする私。
・ガマンが積み重なって爆発して言いすぎてしまい、後悔する私。
・いつも彼の愛情を確かめないと不安な私。
・彼とケンカをするたびに、全て自分が悪かったのだと自分自身を責める私。

これは全て数年前の私のことです。

当時は自覚こそなかったものの、自ら「可哀想な私」を作るプロだったのです。

「嫌われたくない」という気持ちが強いほど、自分に無理をしてしまう。

嫌われることが怖くて、不安に思うことがあっても直接聞くことができない。

あなたも一度はこういった経験があるのではないでしょうか？


でも恋愛は、対等な関係にしか成り立ちません。

どちらかが下手に出る必要はないのです。

万が一あなたが、どうしても悲劇のヒロインを卒業できない場合、自尊心の低さに原因があるかもしれません。 自尊心とは、「自分を尊く思う心」のことです。

・自分に自信がないから、彼に愛される価値があると思えない。
・過去の恋愛がトラウマになって、次の恋愛もうまくいく気がしない。
・いつも両親から否定的な言葉をかけられて育ったから、自尊心が低い。

こんな悩みをお持ちの人も、ぜひ、「自分イイね！ノート」を書いてみてください。どんなに小さなことでもかまいません。日記のような感覚で、自分にたくさん「イイね！」をあげてみてください。

注意点は決して否定的な言葉を書かないこと。これが大切です。

自分は「最高のおすすめ商品」！

恋愛では、まずはあなた自身が「最高のおすすめ商品」になることが大切です。しかし、突然「自分を最高の人間だと思ってください！」と言われると、最初は抵抗が出るかと思います。特に、自分に自信が持てない人の場合は、急に自信を持とうとすると違和感があるはずです。

ですから私は、例え話で**「『自社製品は最高』と思ってください」**とお伝えしています。

販売側が自社の製品に自信を持っていなければ、買い手側にも自然と伝わってしまいます。これは恋愛でも同じこと。

あなたのおすすめポイントはどこですか？

「私と一緒にいると楽しいよ」「安心するよ」など良いところはたくさんあると思います。**その素晴らしさを、まずはあなた自身が認めてあげましょう。**

私の場合、行動力があるところや真っ直ぐなところ、自分に優しくできるところや、早寝早起きなところなどに自分イイね！をあげました。

日常の自分イイね！でたくさん魅力を見つけてくださいね。

引き寄せの落とし穴
①願いが叶わない感情を選んでない？

ここからは、引き寄せを実践する人が陥りやすい3つの「落とし穴」をご紹介します。実はこの落とし穴も、前述した2つのノートを実践することで、自然と回避されていきます。

一番よくありがちな落とし穴が、**「『こうすればいい』というテクニックは分かっているのに叶わない」**というもの。

私も最初のうちは、〝新月の日に願いごとを書けば叶いやすい〟〝満月に向

けてお財布を振ればお金が増える〃など、よく言われる方法は全て試しました
がほとんど叶いませんでした。

引き寄せは、テクニックを知っていれば叶うものではありません。
大切なのは「感情」が伴っているかどうかだからです。
願いが叶いづらい感情を持ちながら、引き寄せのテクニックを実践している
人がすごく多いのです。
これってすごく、もったいないことですよね。
引き寄せの法則に関するテクニック本は多いのですが、この、引き寄せるた
めの「土台作り」について書いてあるものは少ないように思います。
だから、願っても叶わない落とし穴にはまってしまうのです。

引き寄せの落とし穴
②いつも「良い気分」でいなきゃいけない？

引き寄せの法則ではよく「良い気分でいるだけで、願いが引き寄せられる」

と言われます。すると、多くの人が「いつも良い気分でいなきゃいけない」と思い込むのです。これも、非常に多い落とし穴です。

「ネガティブな気持ちになってはいけない。いつもポジティブでいなければいけない」と思い込むのも同じことです。

そもそも、私たちの自然な感情には、振れ幅があるのが普通です。

第1章でもお話ししたとおり、量子力学では、私たちのベースは「波」。

気分に波があることも普通のことなんです。

「不安」や「焦り」などのネガティブな感情の反対側には、「楽しい」「ワクワク」といったポジティブな感情があり、その間を揺れ動くのが人間というもの。

私が気をつけていたことは、良い気分を無理して保つことよりも、この「感情の振れ幅」を大きくしないことでした。

例えば、今ネガティブな感情を抱いているにもかかわらず、無理やり「ポジティブでいなきゃ！」とがんばった場合、振れ幅が大きい分苦しくなります。

そんなときは、**ネガティブでもポジティブでもなく「真ん中のニュートラル」**

に感情を戻すこと。

ニュートラルとは、安心感。つまり、**「ホッとする」感覚**のことです。

この状態のとき、あなたから出ている波動は、**安心の波動**です。

正直なところ、ワクワクの波動を毎日出すことは大変ですし、テンションが高い状態が長く続くと、さすがに疲れてしまいます。

ワクワクの波動は、あくまでスペシャルなもの。日常的には「ホッとすること」の方が大切です。不安感やネガティブな感情が強いときは、良い気分になろうとするよりも、まずはニュートラルに戻る意識をしてみましょう。

気分が優れないなと感じるときは、好きな飲み物を飲んでホッとする。

今は何もしたくないなと感じるときは、とりあえずゆっくり寝てみる。

こんな簡単なことでいいんです。

「今」のあなたがホッとする選択を、自分のためにしてあげてください。

無理にポジティブにならなくてもいい。無理に良い気分にならなくてもいい。

どんなに自分を大切にしていても、引き寄せの法則が腑に落ちていても、気

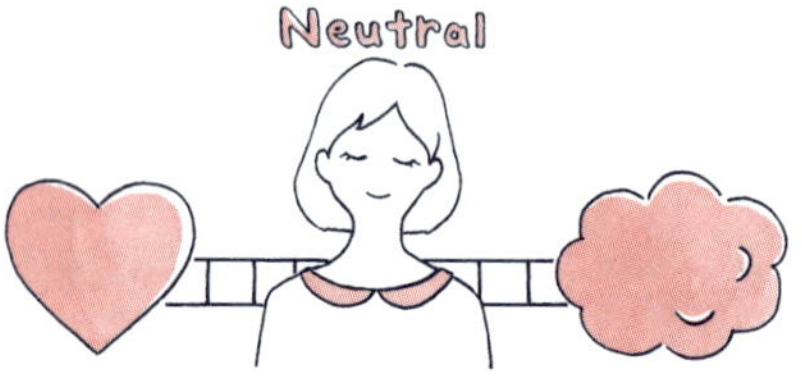

分の浮き沈みがないわけではありません。それが自然なことだと理解しているだけで、必要以上に苦しむこともなくなります。

引き寄せの落とし穴

③自分を好きになるべき？

引き寄せや自己啓発系の本には、**「自己肯定」**と**「自己受容」**という、似たような言葉がよく登場します。

では、自己肯定と自己受容は、それぞれどういう意味なのでしょうか。

- **自己肯定とは、「自分を素晴らしい」と評価すること。**
- **自己受容とは、「ありのままの自分」を受け容れること。**

この2つの言葉は、意味が全く違うもの。

自己受容よりも自己肯定の方が、かなりハードルが高めです。

特にこれまでの人生で「自分に自信がなかった人」にとって、自己肯定は「とても大変なこと」だと感じるはずです。一時的にはがんばれたとしても、きっと無理をして疲れてしまうことでしょう。

私も、もともとは他人と自分を比較してしまい、自分を否定することが多い人生でした。他の人のいいところばかりが目に入り、自分のダメなところにばかりフォーカスしてしまう。典型的な「でも」「だって」女でした。「自分を肯定する」といわれてもどうすればいいか分からない！という感じでした。

でも自己受容であれば、そんなにハードルは高くありません。**どんな自分の感情にも「そんなこともあるよね」と、OKしてあげるだけ**だからです。

「これなら私にもできそう！」と思いませんか？

私は正直なところ、自己肯定はできてもできなくても、どちらでもよいと思っています。

なぜなら、自己受容が身についた頃には、自然と自分のことも他人のことも肯定できるようになっているから。

そして、**引き寄せの法則には、自己受容の方が大切だからです。**

引き寄せの土台は「自己受容」

実際に、自己受容ができている人とできていない人とでは、願いの叶いやすさに大きな差が出ます。

もしあなたが「早く結婚したい！」という焦りの気持ちを持っていたとしても、「友人がどんどん結婚しているし、焦ってしまうのは当然だよね」と、**一度全ての感情を受け容れてあげてください。**自己受容のワンクッションを挟むことで、あなたから出ていた不安の波動が、安心の波動へと変化し、その結果、安心の出来事を引き寄せることに繋がります。

ほとんどの人は、自己受容という大切な土台を無視して、書くことやイメージングなどのテクニックをスタートしてしまいます。

私の印象では、**引き寄せがうまくいかない人の8割は自己受容ができていないか、できている「つもり」になっています。**

この章でご紹介した2つのノートは、自己受容ができるようになるノートでもあります。

だから、一番最初に書くべきノートなのです。

イヤな自分、ダメな自分を責めない

では実際に、どんなときに自己受容を行うといいのでしょうか。

それは不安や不満など、ネガティブな感情を感じたときです。

例えば、あなたが会社で理不尽な理由で叱《しか》られたとします。そこで怒りの感情がわいたとしても、無理にガマンしたり、自分を責める必要はありません。

なぜなら自己受容とは、「脳内だけは」自分の味方でいることだから。

もし心の中で「あんな言い方をしなくてもいいのに！」と感じたのであれば、その感情を素直に受け容れてあげてください。

「怒っちゃダメだ！　良い気分でいなきゃ！」と、感情に蓋をしていると、あ

なたの内側にはモヤモヤとした不快なエネルギーが蓄積されます。表面上は明るく振る舞っていたとしても、このとき出ている波動は重たい波動なのです。

イメージで心の中にもうひとりの自分を作り、怒りの感情が出たときは、「うんうん、あの言い方はムカつくよね！」と自分で自分の味方をしてあげるのもおすすめです。

悲しいときも、不安なときも同様に、「うんうん、あの態度は悲しいよね」「過去にあんな出来事があったら、誰だって不安にもなるよね」と、**もうひとりの自分があなたの全ての感情に共感するのです。**

この方法は、自分に自信が持てない人に、とてもおすすめの方法です。

不安に振り回されない

自己受容を日々意識すると、不安な感情に振り回されることがどんどん減っていきます。例えば受講生のRさん（20代事務員）は、心配性で、不安になり

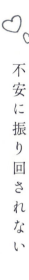

やすい性格でしたが、自己受容のクセをつけることで不安との向き合い方が上手になりました。仕事の面接でうまく話せなくて落ち込んでしまったときも、まずは自分に「面接がんばったね！　誰だって緊張するよね！」と、声をかけてあげたそうです。すると、翌日には元気が復活し、数日後、内定の連絡が！「新しい環境での仕事に不安な気持ちも出てきていますが、不安と上手に向き合える自分になれたので、今は怖いものなしです」と報告してくれました。

自分を味方につけることとは、自分の可能性を広げていくこと。
まずは自分自身を受け容れて、味方になる。
自己受容は引き寄せの大切な土台です。
自己受容が身につくと、願いは驚くほど叶いやすくなるのです。

現実化の具体ステップ「感情のスケール」

「感情」は引き寄せに大きな影響を及ぼしています。

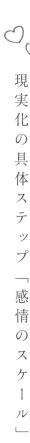

「感情のスケール」（P84参照）というものをご存じでしょうか。

これは、様々な感情を22段階に分類したもので、上位が良い、下位が悪いというランキングではありません。これは**上位の感情を選択するほど、思ったことが現実化しやすいランキングです。**つまり、願いを引き寄せることが得意な人は、上位の感情を選んでいる場合が多いのです。


数年前までの私は、自分に自信が持てず、何かあると全て自分のせいにしていました。彼とケンカをしたら「私が悪いんだ」。ドタキャンされても「何か私が気に障《さわ》ることをしたのかな？」といった具合です。

このときは21番の「不安、罪悪感、自信喪失」の感情を持っていることが多かったのです。

前述した「自尊心が低い」人は、ここに当てはまります。

この段階だと、引き寄せのテクニック以前の問題。

自分の感情の土台が全く整っていない状態です。

実は、なかなか願いが叶わないという人はこの21番目の感情を根強く持って

感情のスケール

1	喜び／気づき／力があるという感覚／自由／愛／感謝
2	情熱
3	熱意／意欲／幸福
4	前向きな期待／信念
5	楽観的な姿勢
6	希望
7	満足
8	退屈
9	悲観的な姿勢
10	不満／苛立ち／焦り
11	打ちのめされている状態
12	失望
13	疑い
14	心配
15	非難
16	落胆
17	怒り
18	復讐心
19	嫌悪／憤り
20	嫉妬
21	不安／罪悪感／自信喪失
22	恐れ／悲しみ／うつ状態／絶望／無力感

※『新訳　願えば、かなうエイブラハムの教え』（エスター・ヒックス、ジェリー・ヒックス著／ダイヤモンド社／2017年4月19日　第3刷）より引用。

いる傾向があります。

まずは「怒る」ことからはじめよう

「感情のスケール」で気をつけたいことは、上位の方が願いが叶いやすいからといって、一気に上位の感情を選ぼうとしないこと。

現在の自分がどの感情を選ぶことが多いのかを把握しながら、少しずつ今よりも上位の感情を選択していくのです。

例えば、「自信喪失」の感情が強い人が、いきなり1番の「喜び」や「愛」の感情を目指すと、負担も大きく苦しくなります。

だからまずは17番の「怒り」。怒ることからはじめてみてください。

意外なようですが「怒る」という感情は「自信喪失」よりも引き寄せに近い状態です。なぜなら**自分の感情に素直**だからです。

もちろん、怒りの感情をそのまま相手に直接ぶつけるのではありません。まずは自分の脳内で、「怒っているんだな」と自分の感情に目を向けてあげるのです。

ただ、「自信喪失」の感情が強い人は、いつも周囲を気遣う優しい人が多いため、怒りの感情が出てきたとしても、「怒ってはいけない」と、自分の感情を抑えてしまいがちです。たとえ脳内であっても、です。

それでもあえて「怒ること」に意識を向けて、改めて状況を振り返ってみてください。意外と相手の対応にも問題があった……ということに気付けたりもします。

感情は、思いっきり感じてあげると意外に長続きしません。

モヤモヤした感情に蓋をするから、引きずってしまうのです。

引き寄せが上手な人は、感情の切り替えが得意。

自分に自信がない人や、自分を責めてしまう人は、まずは本気で怒りを感じる練習から行ってみましょう。怒りの感情に慣れてきたら、少しずつ感情の段階を上げていきます。4番の「前向きな期待」が自然とできるようになった頃には、あなたは引き寄せの威力を強く実感できるはずです。

「友人といても楽しくない……」はステージアップのサイン！

自己受容が定着すると、様々な変化が起こります。
・自分を受け容れることで、他人も受け容れられるようになる。
・「誰もがありのままで素晴らしい存在」だと思える。
・他人との無意味な比較がなくなる。
・他人からもありのままの自分を受け容れてもらえるようになる。
どれも本当に素敵な変化だと思いませんか？
これらは誰もが経験できることなのです。
自己受容が身につくと、人間関係にも変化が起こります。
中でもよく起きるのが「昔から仲の良かった友人に会っても、楽しめなくくなってきた」というもの。

このように**「これまでは心地よいと感じていたものに違和感がある」とき。それは、実は人生のステージアップのタイミングなのです。**

人間も人それぞれの波動を持っていて、その波動は、自分の感情や状態によってどんどん変化していきます。そのため、人生のステージアップのタイミングで、今まで合っていた人との波動が心地よくなくなり、人間関係が変化するのは当然のこと。そう考えてみてください。

私も、相手と自分の波動が合っているかどうかを、会ったあとの感覚で判断しています。

その人と会ったあとに、自分が元気になっているかどうか。

会うとなんだか疲れるな……と感じるなら、波動が合っていないということ。

大切なのは、あなた自身の感覚です。

脚が太い、自信がない……を
全部チャームポイントに

あなたのコンプレックスはどこですか？

私は講座の中で、ときどきこの質問をします。


脚が太い、お尻が大きい、自分に自信がないなど、外見から内面まで、みなさんたくさんのコンプレックスを持っています。

だけどそれは、本当にコンプレックスなのでしょうか？

見方を変えれば、そのコンプレックスは素敵なチャームポイントになりませんか？


もし、自分に対して否定的な言葉が浮かんだときは、**肯定的な言葉**へと書き換えてみてください。

先ほどの例でいうと、
・脚が太い→女性らしい柔らかい雰囲気
・お尻が大きい→セクシーで魅力的
・自分に自信がない→謙虚で優しい心の持ち主
というように、全てをポジティブに変換してみてください。そしてポジティブに変換したことを、「自分イイね！ノート」に書きとめましょう。

これを続けていると、**ほとんどのことは捉え方次第で素敵な個性だと思えてきます。**

なんて都合がいい考え方だろうと思いましたか？

そう。都合よく考えてほしいんです。

セルフイメージが変わると、不思議なことに他人からかけられる言葉も変わってくるから。

私は昔、月経前症候群（ＰＭＳ）の症状が重く、毎月パートナーとケンカをしていました。

その頃は、私もＰＭＳが問題だと思い込んでいて、なんとか改善できないかなといろいろな改善策を試しましたがうまくいかず、そのうち彼からも「毎月、この時期の愛香さんは嫌い！」と責められるようになりました。

だけど、自分と向き合う過程の中で、大切なことに気付いたのです。

それは、自分の症状を一番責めていたのは自分自身だったということ。

そこから考え方を転換し、「女性だから、そんな日もあるよね！」と思うようにしてみました。すると、彼からも「女性ならではの悩みだから仕方ないね」と、同様の言葉をもらえるようになったのです。

私は、それぞれの人が持つ「隙《すき》」にこそ魅力が詰まっていると思います。

少しドジでも、忘れっぽくても、完璧な人よりも親近感がわきますよね。

反対に何もかもが完璧に見える人は近寄りがたく感じます。

あなたがあなた自身に思うことが、他人があなたに持つ印象へと繫がります。

ぜひ楽しく、「自分いいね！ノート」をつけて、自分の魅力を再確認してみてくださいね。

column 1

土台を整える２つのノートを書いてみよう！

今ある豊かさに気付くノート

書くときのPOINT

好きなペンで、好きなように書いてみましょう。シンプルに書くのが好きなら、シンプルに。イラストやシールでワクワクするなら、とことんかわいく！　そして項目もできるだけたくさん拾ってみてください。そして、こんなことを書いていいの？という些細なことこそ、書いてみましょう。見落としていた自分のまわりの幸せに気付くことができれば、波動がだんだん整いだします。

自分イイね！ノート

書くときのPOINT

自分のいいところをどんどん見つけて、イイね！しましょう。こちらも些細なことを書いてOK。「今の自分」「ありのままの自分」に目を向けるクセをつけると、自己受容がすんなりできるようになります。嫌いなところ、短所と思うところにも、「いい面」はあるもの。そのいい面を見つける気持ちで書いてみてください。このノートは、土台ができるまでは、毎日書いても効果があります。

column 2

未来設定ノートを書いてみよう！

理想の彼に出会うノート

プロポーズを引き寄せるノート

書くときのPOINT

どちらも、未来設定のノートです。本当に引き寄せたいな、と思ったときが書くタイミング。何よりワクワクしながらリアルに想像できるように書くことが一番。詳しい書き方は「理想の彼と出会うノート」は第3章、「プロポーズを引き寄せるノート」は第5章で紹介しています。

Lesson 3

現実的な引き寄せ。

妥協しないで
最高のパートナーに
出会う

引き寄せノート 3

理想の彼に出会うノート

第３章は、いよいよ未来設定です。

あなたの理想のパートナーは、どんな人が良いですか？

その設定は明確でしょうか？

どんな人と、どんな人生を歩みたいのか。ノートで「自分の望み」の輪郭をはっきりとさせ、ポジティブな人生設計図を描くことで、叶う力もアップします！

書くときは内容よりも、書いているときの波動が大切。「こうなったら最高！」と心から思うことを、楽しく書いてみてください。反対に「義務的に仕方なく」書いたり、「今日は新月だから」などの理由で、気乗りしないのに書くことはしないでくださいね。

STEP 1

彼ができる時期を「直感で」設定

「今から出会うとしたら、このくらいかかるかな……」など、時期を考えすぎないことが大切です。なるべく直感で決めてみてください。直感は95％の宇宙からの合図だからです。「直感が分からないな」という人は、自分の気持ちに正直に決めてみましょう。今すぐにでも！と本気で思う人は、近い未来で設定してもいいですよ。

STEP 2

「過去形」で書く

すでに出会った波動を先取りするために過去形で書きます。私の場合は、「素敵な彼」と指定することで、先取りと「素敵じゃない彼はいらないよ！」というダブルのオーダーを宇宙にしていました。

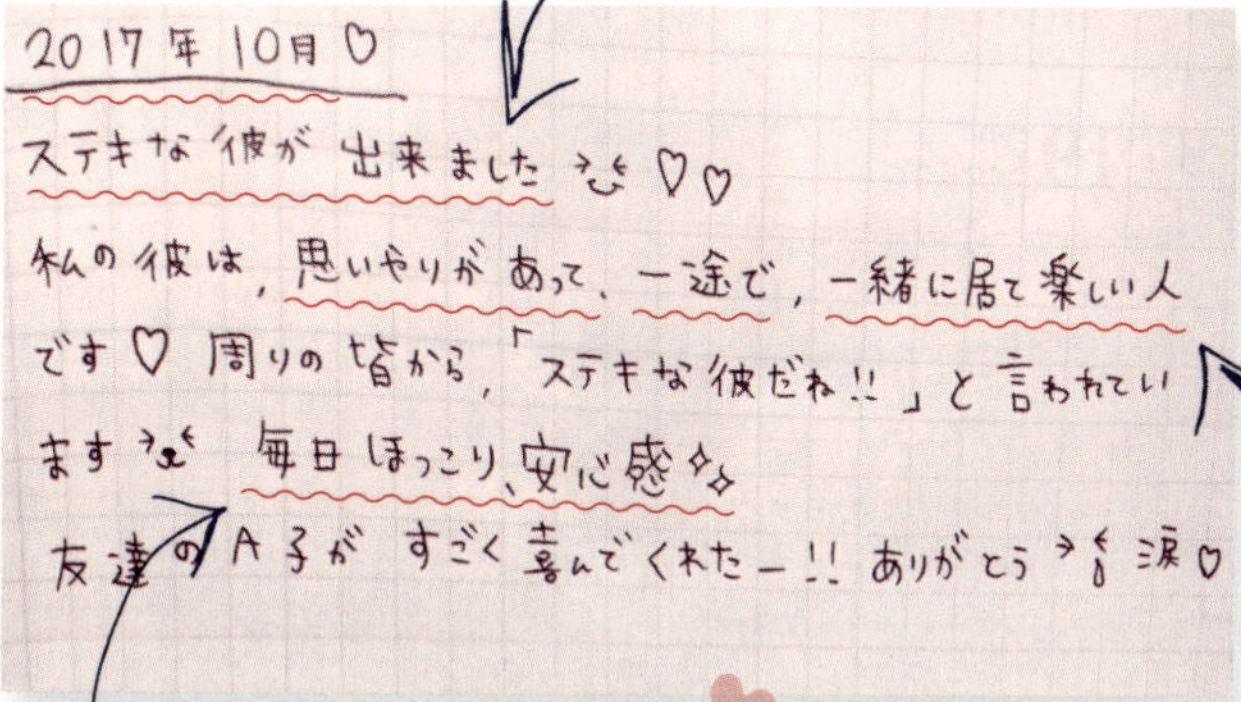
2017年10月♡
ステキな彼が出来ました ♡♡
私の彼は、思いやりがあって、一途で、一緒に居て楽しい人
です♡ 周りの皆から、「ステキな彼だね!!」と言われてい
ます 毎日ほっこり、安心感
友達のA子がすごく喜んでくれたー!! ありがとう 涙♡

STEP 3

理想のパートナー像は2〜3個

「私の彼は……」という出だしで、理想のパートナー像を2〜3個書きます。書けば書くほど理想が明確になり、絞られてはいくのですが、選択肢を「5％の自分の意思」だけで狭めすぎないよう、あえて少なめに書くことがおすすめ。

STEP 4

叶ったときの「感情」を書く

書いたオーダーが全て叶ったときの自分を、リアルにイメージして、叶ったときに感じる「感情」を添えます。毎日彼とメールや電話をし合って楽しいだろうな！　彼とデートするたびにドキドキしているな！　こんなリアルな「感情」を添えられると、叶う速度が加速します。また、叶ったときに起こりそうな周囲の状況などを書き添えると、さらに効果が上がります。

ワクワクしながら未来を引き寄せよう！

第3章は、いよいよ**未来設定**です。
これから素敵なパートナーに出会いたい！という人にぜひやっていただきたいのが**「理想の彼に出会うノート」**です。

パートナーが欲しいという人に話を聞くと、こんな答えが返ってくることがあります。

「素敵な出会いが欲しいけど、どうやって出会えばいいんだろう」
「まわりはみんな結婚していくのに、私は彼氏もいなくて……」
「気になる人に出会えても、2度目のデートに繋がらない」
「このままずっとひとりだったらどうしよう」

不安や焦りばかりがリアルにクローズアップされて、理想のパートナーがどんな人か、これが出てこないんです。恋愛は「努力」さえすれば叶うわけではないし……と、心のどこかで諦めていたりします。

だけど考えてみてください。

「努力」も5％の自分の意思の中だけの話。

95％の大きな宇宙の力を上手に活用できていますか？

実際、このノートを書いた人たちからは、「7年も彼がいなかったのに、3ヶ月で彼ができた」「復縁を叶えた」など、「素敵な彼に出会えました！」という報告がどんどん届いています。

もちろん叶える過程は人それぞれですが、**ノートに書くことで、ぼんやりしていた理想像が明確になって、理想の出会いを引き寄せるのです。**

このノートを書くタイミングは「理想のパートナーが欲しい」と思ったとき。

定期的に書く必要はありません。

楽しく、ワクワクした気持ちで書けるときに集中して書いてみてください。

「叶いやすい書き方」と「叶いづらい書き方」

「理想の彼に出会うノート」の基本の書き方は冒頭でご紹介しましたが、実は、引き寄せノートの書き方には、叶いやすい書き方と、叶いづらい書き方があります。今回とっておきの**叶いやすい書き方の「8つの秘密」**を伝授します。

この書き方は、「逆設定ノート」「プロポーズを引き寄せるノート」にも共通するものですので、ぜひマスターしてくださいね。

1・叶う時期は、「近い未来」で大まかに

叶う時期は「いつか」「来年くらい」など、漠然としているよりも、**「○年○月」**まで書き出した方が、引き寄せの力が働きます。

私は、**半年後から1年後くらいの「近い未来」の設定**で書くことをおすすめしていますが、あまり考えすぎずに直感で書いてみましょう。

ただし、具体的な日にちまで指定したり、「彼から電話があった」「彼とデートした」などのプロセスを細かく設定しすぎると、「叶わなかった」ことを拾いやすくなってしまいます。

細かなプロセスは95％の宇宙を信じてお任せにして、５％の自分の意思はゴール設定だけに使いましょう。

2・過去形、現在進行形で書く

文章を目で見て、脳にデータを取り入れる際、**過去形の文章の方が、脳が「すでに叶っている」と勘違いをするため、効果が高い**と言われています。過去形で書くことに違和感がある人は、「もうすぐ素敵な男性に出会えそうです」と、現在進行形で書いてください。一方、「彼ができますように」と「お願い」として書くパターンは、「ない」現状に意識がフォーカスされるため、叶いにくい書き方です。

3・条件は2～3個に絞る

「理想の彼の条件を１００個リスト化するとよい」という恋愛テクニックもあ

りますが、私はそこまで書かない方がいいと思っています。

ここでたくさん書いてしまうと、5%の自分の意思の範囲の人しか引き寄せられなくなってしまうから。**あえて条件を少なめに絞り、自分の予想を超えた95%の範囲に出会いをお任せしましょう!**

また条件を数多くピックアップしようとすると、今好きな人がいる人の場合、自分の理想というよりは、好きな人のことをイメージして書くことが多くなりがちです。これも結局、5%の範囲内で考えていることになりますよね。

「今好きな人も含めつつ、その人以上の素敵な人が来てもいいよね!」という気持ちで本当はどういう人がいいのか、条件を厳選して書いてみてください。ここで、**「自分が考えていた理想の相手と今好きな男性は、全然違っていた!」**と気付く人も少なくありません。

4・ネガティブな条件を書かない

書き出す条件によく設定されるのは、「一緒にいて楽しい人」や「優しい人」。

私が例でよく出すのは、「ありのままの自分でいられる人」や「安心感のある人」です。意外とざっくりしていませんか？

なかには「イケメンがいい！」と素直に書く人もいますよ。年収や職業も、もし書いてワクワクするなら書いてもＯＫ。逆に書いていて「ちょっと違うかな？」とザワつくのであれば条件を変えましょう。

ここでも、大切なのは**自分の感覚**です。

注意してほしいのは「タバコを吸わない人」や「ギャンブルをしない人」など、避けたいタイプの人を書くこと。これだとワクワクしないので、書き方を変えて、「健康的な人」「真面目な人」と書いてみてください。

「理想の彼に出会うノート」は、ワクワクする気持ちが理想の彼を引き寄せます。ワクワクするかどうかは、ちょっとした書き方の工夫次第。書いたことに、いかに気持ちが入り込めるかが大事です。

引き寄せ上手なノートは、**他人が読んでもワクワクする**もの。私のノートを

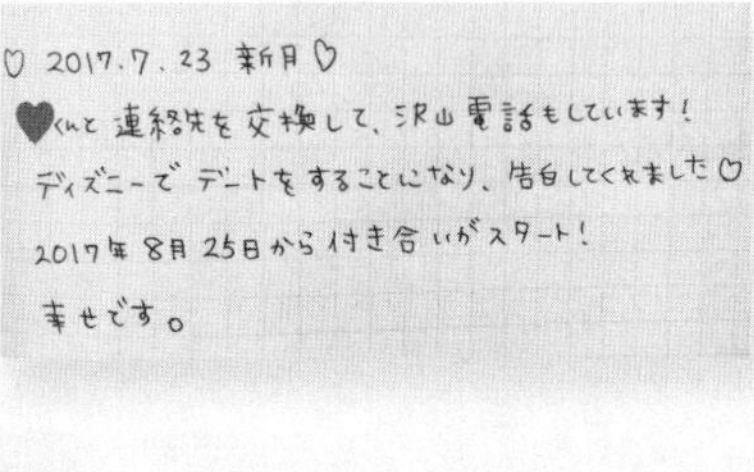
♡ 2017.7.23 新月♡
♥くんと連絡先を交換して、沢山電話もしています！
ディズニーでデートをすることになり、告白してくれました♡
2017年8月25日から付き合いがスタート！
幸せです。

叶いにくいノートの例

日付を具体的に書きすぎていたり、彼の名前を書いていたり、細かく設定しすぎていると「叶わなかった」を引き寄せやすくなってしまいます。

生徒さんに見せると、「自分のノートじゃないのに読んでいてワクワクしました！」とよく言われますよ。

5・叶ったときの感情をリアルに添える

感情が入っているかいないかで、引き寄せの結果に大きな違いが出ます。**大切なのは「リアリティがあるかどうか」です。**ありきたりな「嬉しい！」などの言葉では、リアルに叶ったイメージがしづらいですよね。それよりも、「やっと出会えたー！」や「こんなにいい人がいたなんて感激！」と書いた方が、叶うイメージがわきやすいのです。

「友達のA子が一緒に喜んでくれて、すごく幸せ！ありがとう！」など。叶ったときのまわりの状況もリアルに想像できるなら、添えてみてください。

6・叶わなかったら「今じゃなかっただけ」！

万が一、設定した時期に願いが叶わなくても、「今じゃなかっただけ」。決して**「私＝書いても叶わない」という思い込みを作らないようにしてください。**

一度でも「書いても叶わない」という思い込みを持ってしまうと、全てのオーダーが無効になってしまいます。

私も、設定よりも2ヶ月くらい遅れて叶ったオーダーが多いのです。設定した時期よりも早く叶うこともありますよ。

7・書いたら忘れて「今」を楽しむ

引き寄せノートにオーダーを書いたら、あとは忘れて「今ここ」を楽しむ意識に戻してみましょう。

いつまでも見返して「まだかなあ」と焦りを感じていると、余計に焦りの波動が強くなり、叶わない現実を引き寄せてしまいます。

例えば、あなたが夏に咲くヒマワリの種を植えたとして、花が咲かないからって毎日掘り返しますか？

しませんよね。夏にはヒマワリが咲くと分かっているからこそ、安心して成長を待っていられるはずです。

オーダーしたら、あとは信じて待つだけでいい。

それが、書いて叶える方法です。

私の実感では、**書いたことをすっかり忘れちゃっていた！という人の方が、たくさん願いが叶っています。**

1年のうちに結婚と出産をノートで叶えたBさん（30代販売員）は、長く同棲していた彼と早く結婚したいと、年始に「年内に結婚をして、子供を授かりました！」と設定しました。

そして、そのノートのことはすっかり忘れていて、叶った後に見返してみたら「そういえば私、年始にそんなことを書いてたな！」と、驚いたそうです。

見た方がワクワクして心地よい！という人は見ても大丈夫ですが、見るたびに「まだ叶わないのかな？」と焦ってしまう人にとっては逆効果です。それは、がんばって5％の自分の意思だけで叶えようとしている感覚です。

思い切って95％の宇宙を信じて、お任せしちゃいましょう。

8・大きなオーダーはステップ式に叶える

引き寄せノートを書くときは、書いている内容よりも**「書いているときの感情のエネルギー」**が大切です。そのため、**書いていて不安や疑いの感情が出てくるオーダーは叶いづらい**のです。

例えば、まだ出会いのない状況でいきなり「結婚」をオーダーすると、ザワつく人もいますよね？　ザワつかない人は、いきなり「結婚」をオーダーしてもいいですが、自分の心に問いかけてザワつきがあるなら、まずは「素敵な人と出会えた」とオーダーしてみましょう。

そして、素敵な人との出会いを引き寄せた頃には、「結婚する」というオーダーにも疑いが少なくなっていると思います。

これは、恋愛に限らず、他のテーマの引き寄せでも応用できるテクニックです。例えば私は、まだ企業に勤めていた頃、引き寄せノートに収入がアップするオーダーを書いていました。しかし、当時の月収が20万円なのに対し、突然50万円をオーダーすることには抵抗を感じたのです。そこで、まずは25万円というところから設定をスタートしてみました。

すると、過去に昇給の例がない会社で3ヶ月の間に2回も昇給し、25万円の月給をあっという間に達成したのです。

このように、一つひとつステップ式に叶えていくことで、抵抗が出にくくなり、スムーズにオーダーを叶えていくことができます。

この8つを意識するだけで、引き寄せ効果が格段にアップしますよ。

オーダーは図々しいほどいい！

私が、みなさんに書き方をお伝えする際、常々言っているのは**「オーダーは図々しいほどいいですよ！」**ということ。

自分の本音に遠慮なくオーダーができている場合は、私の見てきたほとんどの人が、**「オーダー以上のものを引き寄せました！」**と、口を揃《そろ》えて報告してくださいます。

ある受講生は「4ヶ月後に彼ができる」と設定しましたが、なんとなく私は「ちょっと遠慮して書いているな、それより早くできるんじゃないかな」と思いました。それで、「これはもう少し早くなるかもしれないですよ」とお話ししたら、後日「西原さんの言ったとおり1ヶ月早く叶いました」と、幸せ報告のメールが！　ノートを書いた当時は、想っている人も、連絡し合う仲の人もいなかったのに、すごい引き寄せ力ですよね。

初めてお会いした日の、「今までの恋愛がズタボロで、いつも恋愛だけはうまくいかないんです」と、恋愛に苦手意識を持っていらっしゃった人とは思えないほどの、見事な変化でした。

「さすがにこんなの無理だよね」「ここまで書いたら図々しいよね」と思ってしまうなら、過去のトラウマや苦手意識が影響しているのかもしれません。

それもまた、5％の自分の意思による勝手な遠慮です。

思い切って図々しく書くと95％の宇宙に届きやすくなります。

結局、この世界は自分の思い込みでできています。

オーダーに対して遠慮しそうになったら、**「それは思い込み。未来は今から創ろう！」**と思える方が幸せです。

決断に悩むときは、自分の気持ちに正直に

私も、以前こんなことがありました。興味のある仕事のお話をいただいたのですが、頻繁に都内に行く必要があるため、もしお受けするのであれば、引っ越しも考えなくてはいけませんでした。

このとき、いつものように、本音に相談してみると、興味のある仕事に挑戦したい気持ちの方が、挑戦しない気持ちよりも強かったのです。

けれど、その裏には問題がありました。

私の本音が同時に、「引っ越しはしたくない」と言うのです。

ようやく今の環境にも慣れてきて、今の家もとても住みよい。

それに一緒に暮らす彼とも離れたくない。

この2つの選択肢から選ぶ場合、どちらに決めたとしても、何かしら本音に妥協しなくてはいけません。だから、どちらに決めても、なんだかしっくりこなかったのです。「オファーを受ける！」と決めては、「でもなぁ……」と悩み。「断ろう！」と決めては、「うーん……」と悩み。数ヶ月ずっと気持ちが行ったり来たりしていました。

すると、自分では考えてもみなかった、新しく別の方面から、引っ越さなくても挑戦できる同様のお話をいただけたのです。

やっぱり私たちは、願いに妥協せず、両方叶えていい！ということ。

妥協しない引き寄せについて、確信が持てました。

他にも、シングルマザーでやりたいことへのお金の工面が難しいと悩んでいた友人がいました。

彼女がやりたいことを仕事にする！と覚悟を決めたあと、別れた夫から突然連絡が入り、これまでゼロだった養育費が少しずつ支払われることになったのです。友人は、離婚後数年が経過していて、養育費をもらうことは諦めていました。彼女から催促をしたわけでもありません。

引き寄せが起きたその日に、やっぱり自分の進むべき道は間違っていないと確信を得たそうです。

その後、彼女は毎月の養育費で余裕ができた分を貯金し、資格取得の費用にあてたことで、1年後には自分でエステの自宅サロンを開業したのです。


どうしても決断できないときは、今は決断しなくてもいいタイミング。

内心「早くスッキリしたい！　迷うのが一番辛い！」なんて思ったとしても、とりあえず、そのままにして大丈夫です。

いつか、ちゃんと決めるタイミングがやってきます。

行くべき道であれば、スムーズに進んでいくし、行くべき道でなければ、何かしらの障害やザワつきの感情のサインが入ります。


タイミングの判断は、宇宙のサインにお任せでいいのです。

全ての流れが、いつも私たちにとって「ベストである」と信じてみましょう。

復縁を叶えたいあなたへ

①「冷却期間」でポジティブサイクルに！

「逃した魚は大きい」というわけではないでしょうが、復縁を望む女性は、意外なほどたくさんいます。復縁とまではいかなくても、「いつまでたっても、新しい恋ができない」という人も。

その原因の多くは、元彼とスッキリ別れられていないことにあります。

突然音信普通になってしまった、きちんと話し合えずにＬＩＮＥで別れを告げられた……。そんな、納得のいかない別れや、想いを素直に伝えられなかった恋愛には後悔も残りやすいもの。

真面目な人ほど「やっぱり彼ともう一度やり直したい」と考えがちなのかもしれません。

「理想の彼に出会うノート」は、復縁を叶えるのにも効果があります。

ただし、引き寄せで復縁を目指す前に、「必ず」していただきたいことがあ

ります。

それは、**あえて時間を置く**ことです。

時間を置く理由は、大きく分けて３つあります。

①彼の気持ちを理解するため

復縁を焦る女性は「彼が他の女性にとられてしまったらどうしよう！」と、自分のことばかり考えている状態です。

振った側の男性も、真剣にお付き合いをしていた場合であるほど、別れるときにはかなり大きな覚悟をしています。まずその気持ちを理解する時間を作ることが大切なのです。

②彼のプライドを尊重するため

一度別れを決意した相手と、再びお付き合いをするという決断は簡単にはできません。「時間をかけて考えたい」「すぐにまた戻ろうとは思えない」のが、男性側の本音ではないでしょうか。

別れてからもずっと女性からメールを送っていると、男性側にしてみれば、自分が苦しんで決断したことが軽々しく受け止められているように感じてしまいます。

③一度悪かった部分を忘れてもらうため

女性側に別れの原因があった場合は、自分の悪かった記憶は一度忘れてもらいましょう。今は、内外共に自分磨きをする時間。

魅力的な女性になって、彼とまた〝出会う〟のです。

私も実際に復縁を叶えたことがありますが、そのときも**時間を置くことはむしろ、ポジティブに働きました。**

なにより、**自分自身と向き合う時間**が必要なのです。これをしないでノートを書いても、叶う確率はかなり下がってしまうでしょう。

私は復縁を叶えてから、自分の叶えたいことに対しては、ものすごくしぶとくなりましたし、相手軸で自分を振り返ることも忘れないようにしています。

自分の思いばかりになってしまううちは、まだ未来設定のタイミングではないということです。

復縁を叶えたいあなたへ
②復縁も「新しい恋」として設定しよう

時間を置いて十分自分と向き合えたら、ノートを書いてみましょう！

復縁を目指すときのポイントは、**新しい恋として設定する**ことです。

「理想の彼に出会うノート」として書いてみましょう。

その際、**「〇〇くん（元彼）と復縁しました」と書くよりも、「私に素敵な彼ができました」**と設定してください。

その方が疑いの波動が出にくいのです。

私は、引き寄せノートを書くとき、「彼」「私」といった代名詞は使用しますが、「〇〇さん」などの「人名」は指定しないようにしています。

なぜなら、**名前を入れると「叶うかどうか不安になってしまう」「願いに執着してしまう」**ことが多いから。

もちろん、あなたが名前まで指定して書いた方がワクワクするという場合は、指定しても大丈夫です。大切なのは、書いた内容に対して**「これなら叶うかも！」**とスムーズに思えることです。

Mさん（30代保育士）も復縁を望んでいたひとり。

「私、3回で卒業します！　3回予約をとらせてください」と最初に宣言されたとおり、初めてお会いした頃と3回目のセッションとでは、心も見た目も大きく変化していました。内面が変化すると、笑顔や雰囲気が確実に変わります。

Mさんは、途中、復縁を目指していた男性からもデートに誘われるようになったのですが、その後、より素敵だと思える男性に出会い、その人とお付き合いをスタートしました。

このように、当初は復縁を望んでいながら、結果的に新しい恋を手に入れた人もいます。

「彼じゃなくてもいい！」と思えたとしても、思えなかったとしても。

自分自身を整えることで、今の自分に見合う相手と、あなたは必ず結ばれるのです。

復縁を叶えたいあなたへ
③執着が手放せなくてもＯＫ！

以前からとても多いご質問があります。

それは、「いろいろな本やブログを見ていると、彼でも彼以外の人でもいい！と思う方がいいと書いてあります。でも、どうしてもそんなふうには思えないのですが、そう思った方がいいのですか？」というもの。

私も復縁を目指していた頃、どうしても「彼以外でもいい！」とは思えませんでした。

本気で叶えたい願いだからこそ、必死になってしまう。これって普通のことだと思います。 特に、復縁の場合、執着しないことは、かなり難しいのではないでしょうか。

よく言われる**「執着を手放すと叶った」**という声は本当かもしれません。

だけど、そう簡単に手放せているなら苦労はしませんよね。

あなたは、今、執着が手放せなくて苦しんでいませんか？

私も執着に苦しんだ時期がありましたが、それでもちゃんと復縁を叶えています。だから安心してください。**執着を手放せなくても、望みは叶います。**

まずは、とにかく焦らないこと。

焦るとき、自分からは焦りや不安などのエネルギーが出ています。

すると、焦りや不安の物事を引き寄せてしまいます。


では執着が手放せないときは、どうするのがいいのでしょう。

おすすめの方法は**「一度執着にもOKしてあげること」**です。

私は、執着は「願望を叶えるまでの過程」だと考えています。

まずは不安や焦りにもＯＫすることが、自己受容だからです。

「新しい恋をした方が楽だとは分かっていても、どうしても彼のことが忘れられないから仕方ないよね」

「まだ別れて間もないのだから、気持ちが浮き沈みしちゃうこともあるよね」

「彼が他の誰かにとられないか不安で、焦ってしまうんだよね」

こんなふうに、自分の内側の声を感じ切って認めてあげるのです。

執着が手放せないときは、潔く認めて、執着し切ってしまいましょう。


私の復縁が叶ったのも半年間思いっきり執着し切ったあとでした。

確かに、執着がふとはずれた瞬間ではありました。執着することにも疲れて、もういいや！と、一度投げ出したタイミングだったのです。

「執着したら叶わない」のではありません。むしろ執着してしまうのは、未来に必要な出来事である可能性が大きいからだと私は思っています。

その恋愛テクニック、自分に合ってる？

想いを伝えることは迷惑じゃない。

だけど、想いを確認され続けると迷惑になってくる。
たまに不安定なのは迷惑じゃない。
だけど、不安定でい続けると迷惑になってくる。
たまにヤキモチを焼かれることは迷惑じゃない。
だけど、嫉妬され続けると迷惑になってくる。

恋愛はいつでも、「すぎる」ことに気をつけましょう。相手の優しさに甘えすぎること、自分の思いどおりになってほしいと求めすぎること、何かあるとすぐに頼りすぎること……。
どれも「すぎ」なければ、恋のスパイスになって、可愛く恋愛できるはず。

「女性は追いかけられた方がいいのでしょうか？」というご質問もよくいただきます。このご質問をしてくださる女性は、「恋愛のテクニック本を見て、いろいろ実践している」という人が多いですね。

でもだいたいの恋愛論は、「すぎる」お悩みを対象に書かれているのです。

全てを鵜呑《うの》みにするのではなくて、どれが自分の悩みに合っているのか、見分ける目が必要です。

例えば、「女性は追いかけない方がいい」という内容は、追いかけすぎてしまう悩みを持つ女性に向けて書かれています。これを、もともと愛情表現が苦手な女性が実践したら、男性側は愛情を感じられなくて、不安になってしまうかもしれません。そして、「彼女は何を考えているのか分からないな」と、疲れてしまうこともあるのです。

恋愛テクニックにも、**人によって合うもの、合わないもの**が存在するということ。

これらもやはり、**「他人の正解」**なのです。

例えば私の友人の場合、とても優しい男性とお付き合いしていました。

いつもバイト先へ送り迎えをしてくれて、記念日には必ずプレゼント。女性なら誰もが「羨ましいな」と憧れる状況にありましたが、彼女は突然別れを切り出したのです。

理由は、彼がデートのたびに「どこに行きたい？」「何がしたい？」と聞いてくること。彼は彼女を喜ばせたくて、いつも彼女の意思を聞いていたのですが、なんでも言うことを聞いてくれる彼に対して、彼女は「この人は自分の意見がないのかな？」と物足りなく感じるようになったそうです。

その後、自分のことを引っ張ってくれる頼りがいのある男性とお付き合いをスタートし、幸せな毎日を過ごしています。

つまり、彼女の好きなタイプは、自分をしっかりと持っている男性。優柔不断な彼女には、自分のことを引っ張ってくれる男性の方が合っていたのです。

彼女がもし、男性に尽くされるための情報を一生懸命取り入れていたとしたら、また同じような相手を引き寄せ、失敗を繰り返していたかもしれません。

自分の幸せを引き寄せることは、まずは「自分」を正しく知ることからスタートします。

あなたは尽くしたいのか、尽くされたいのか。

甘えてくれる彼がいいのか、甘えたいのか。

彼の人生を応援したいのか、自分の人生を見守ってほしいのか。


自分を正しく知ることで、理想の男性の設定も大幅に変化すると思います。

これまでは考えてもみなかったタイプの人が、意外とあなたに相応《ふさわ》しい男性であることもありえるのです。

思いがけないところに出会いのチャンスが広がっているかもしれませんよ。

現実が変わらないときは、オーダーを一時お休み♡

「タイミングは宇宙にお任せ♡」と言いつつ、なかなか結果が出ないと、だんだん焦りが出てきます。

焦ってしまうことは悪いことではありません。

こんなときは、**内側から出る感情に全てOK**してあげましょう。

第2章で書いた「引き寄せの準備」、自己受容ですね。

焦る感情も、不安な感情も、一度「私が」全て受け容れてあげる。誰かに聞いてもらうこと以上に、自分が聞いてあげることで「ホッと」できるのです。

「早く結果が欲しいよね、がんばってきたもんね」

「他人と比べて焦っちゃうときもあるよね」

「不安になるときもあるよね」

このように、私は内側にいるもうひとりの私と、今でもよく会話をしています。


それでもまだ不安や疑いが残るときは、オーダーは一度お休みしてしまっても大丈夫です。

第2章の「今ある豊かさに気付くノート」で、身のまわりにある小さな幸せを集めて、宇宙のエネルギーと共振してみましょう。気持ちの抵抗を外してあげると、もっと楽しく設定できるはずです。

不安だって嫉妬心だって、誰にでもあるものです。
だけど、どこからその現象を見ているか、どう捉えているかで違います。
モヤモヤの感情に対して抵抗しているか、受け容れているか。
人生は競争ではありません。
幸せはいつでもあなたの心の中にあるのです。

コンフォートゾーンを抜け出してみよう

以前、ブログの読者さまより「変わらない現実への対処法」について、こんなご質問をいただきました。

「こうなりたいなーと思うことはあるのに、それを実現させるための行動が億《おっ》劫《くう》で、現実が変わらない状況がもう何年も続いています。例えば、
・素敵な男性と出会いたいな↓でも出会いの場に行くのが面倒くさいな
・一生ひとりで過ごすのはイヤだな↓でも恋愛をするのが億劫だな

などです。こういうとき、どう考えたら現実が動きはじめるでしょうか？」

人には誰しも、**居心地のいい場所＝コンフォートゾーン**があります。

今いる場所、今付き合いのある人、今の習慣などが、コンフォートゾーンです。「新しい自分」とは、このコンフォートゾーンの外側に出ることなんです。

心地よい場所を出るという状況なので、どうしても不安や億劫な気持ちが出てきます。心が「抵抗」するのです。

実はこの抵抗こそが「新しい自分」に変わるチャンス。

完璧を目指すのではなくて、**本当に小さなこと**から動いてみてください。

大切なのは「いかにワクワクする理由付けができるか」です。

例えば、出会いの場に参加したあとは、すぐに素敵な相手と出会えなくても「理想の恋愛に一歩近づいた！」と先取りで思ってみる。恋愛が億劫なときに無理して動く必要はないけれど、友人からお誘いがあったときは、あまり考えすぎずにとりあえず参加してみる。

すると、少しずつ、行動することへの抵抗も少なくなっていきます。
叶えたあとの自分の心地よさをリアルにイメージしてみることも楽しいですよ。いつの間にか新しい場所も、自分のコンフォートゾーンへと広がっていきます。

「めんどくさい」と「こうなりたい願望」の間で揺れたときは、心地よさを比較します。

動かなくて不安になる自分と、気乗りしないけど動いてみる自分。どちらが心地よいかな?と、自分に問いかけてみましょう。

どうしても答えが分からないときは、とりあえずどちらもやってみましょう。気がすむまで(笑)。

そして、動いてみて感じた感覚をもとに、また次の動きを決める。
いつでもトライ&エラーの繰り返しです。
ほとんどのことが、やってみなければ分からないことばかり。気乗りしないながらも動いてみると、意外と楽しいことが待っていたりします。

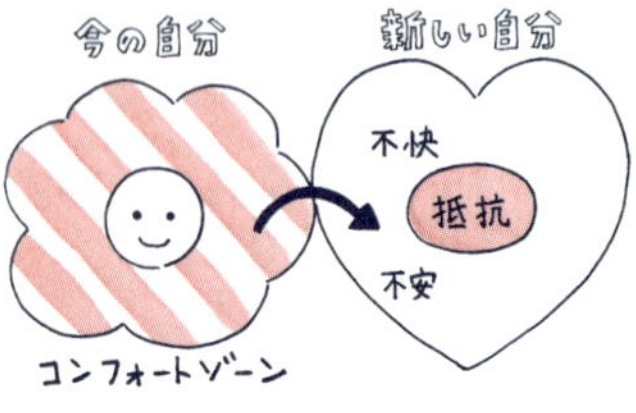

「成功の反対は失敗ではなくて、何もしないこと」という言葉もあるとおり、最初の一歩を踏み出す勇気が、未来を創造する力へと繋がっていくのです。

別のことが叶ったら、恋のチャンス到来！

引き寄せをはじめると、オーダーしたものと別のものが来ることがあります。
それは、**人によって引き寄せやすいものが違っているからです。**
私は、最初は食べ物を引き寄せやすいと感じていました。
お金を引き寄せやすい人、仕事を引き寄せやすい人、いろいろな人がいます。
特に恋愛が難しいと思っている人は、恋愛の引き寄せも抑えめです。
だから最初は全然違う方面から叶っていくこともあるんです。

先日も、「取りたかった資格を会社で取らせてもらえるようになったのですが、これは本命の恋愛の引き寄せではないんです……」と悩んでいる人がいました。

恋愛のことではないとしても、**今確実にいいことが起きているとしたら、過去の自分が出した波動が引き寄せています。**

だから、「引き寄せが上手ですね！　これは引き寄せじゃないと思わずに、『このあと恋愛もやってくるかも』と思っていてください」とお伝えしたところ、1週間後に「1年くらい連絡が取れなくなっていた彼から連絡が来ました！」と、素敵な報告をもらいました。彼の方から連絡が来たのは初めてだったそうです。

引き寄せが別の形で叶った場合、「ああ、このエネルギーが別の方向に行っちゃった」と残念がる人が多いのですが、**むしろ、偽物が来たら、次は本物が来るチャンスです！**　違うことが叶っても、引き寄せの成功例として自分に自信を持ってくださいね。

Lesson

4

幸せ思考へのフォーカス。

ガマンと遠慮を
手放して
深く愛される

引き寄せノート

4

逆設定ノート

第4章では、パートナーとの関係がギクシャクしたり、彼への不安や不満が多くなってしまったときに書くと、2人の関係がどんどん良くなっていく「逆設定ノート」について説明します。

このノートを書くことで、私は彼との「望まない関係」を「こうなったらいいな♡」という「理想の関係」に変えていきました。

彼への不安や不満が出てきたり、関係がギクシャクすることは、悪いことではないのです。むしろ、2人の関係を深めるためには欠かせないステップです。

不安、不満を伝え合うことがお互いの「取扱説明書」を作るからです。

「逆設定ノート」は2人の仲を深めてくれるだけでなく、あなたのガマンや遠慮を取り払ってくれるノートです。

STEP 1

イヤなことが起きたとき 理想の彼の姿を書く

「私の彼は……」という出だしで、理想の彼の姿を書きます。「でも、それって嘘じゃない?」と思いましたか? ここでは、いったん目の前の現実から距離を置くために、あえて理想の姿を書いていきます。

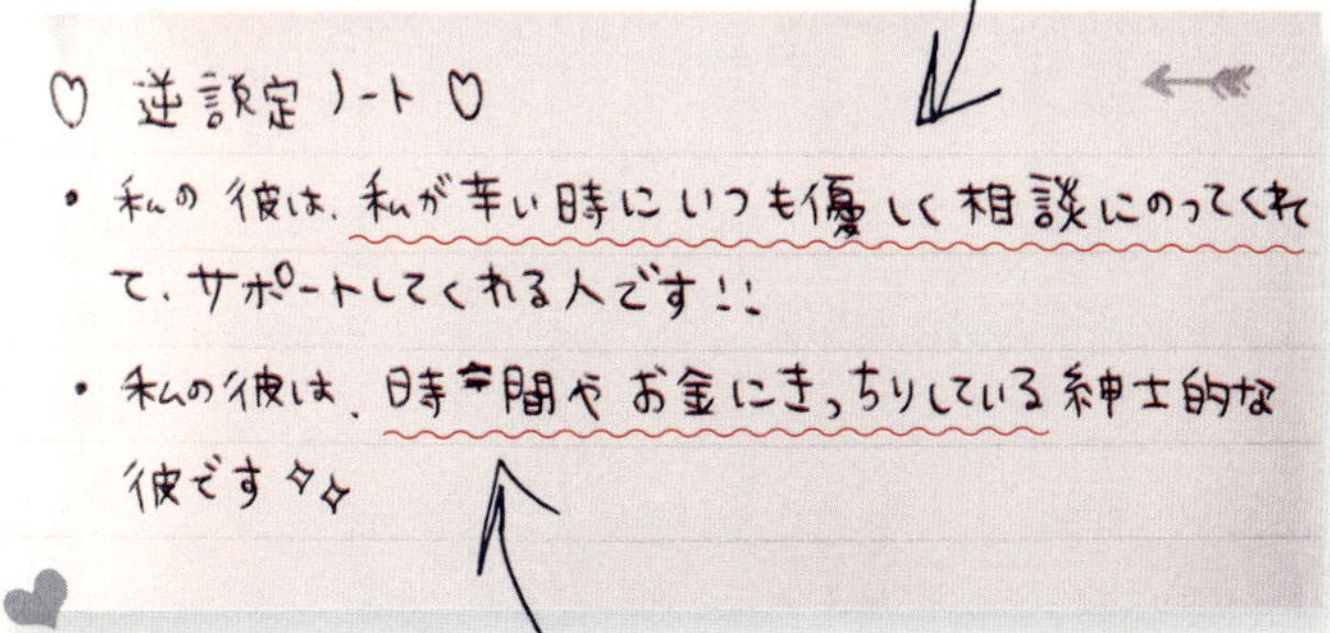
♡ 逆設定ノート ♡
・私の彼は、私が辛い時にいつも優しく相談にのってくれて、サポートしてくれる人です!!
・私の彼は、時間やお金にきっちりしている紳士的な彼です☆☆

STEP 2

ゴールだけを書く

例えばケンカをしたとき、仲直りまでのストーリーを書く人がいますが、これは5%の自分が考えていることです。どんなふうに仲直りするのかは95%の宇宙にお任せして、ゴールだけを書きましょう。

STEP 3

感情は入れない

これまでのノートは、「ワクワクする気持ちが大切」とお伝えしていましたが、このノートだけは逆。感情を入れたとたんに疑いが生じてしまうので、感情を入れずに書きます。これが「逆設定ノート」の大きなポイントです。書いたあと、気持ちがホッとしていればOKです。

それでも気持ちがおさまらないときは、そんな自分を受容して、怒っても泣いても大丈夫!

彼に感情的に気持ちをぶつける前に、自分の中で一度感情を感じ切るクセをつけましょう。

♫ 不安や不満は、理想の関係になるチャンス！

引き寄せノートで理想の彼ができた！
彼のことを考えると幸せ！　ドキドキする！　毎日が楽しい！
だけど、そこがゴールではありません。むしろ2人の関係はここからが勝負。
より深い信頼関係を築いていけるか、マンネリ化していくか。
分かれ道はどこにあるのでしょうか。
実は外見も、年齢も、尽くした度合いも、関係ありません。
「彼のことをどれだけ考えているか」
このちょっとしたことに隠れています。

でも誤解しないでください。「常に彼のことを考えている方がいい」わけではありません。その逆です。
特に女性は、恋愛モードに入ると、彼の一挙一動に細かく反応しすぎてしまうことがあります。

まだ電話が来ない。彼は何をしているんだろう。

忙しくたって、メールの返信くらいできるよね。

ＬＩＮＥが既読スルーだ。嫌われちゃったかな……。

飲み会で、別の女性と仲良くなっていないか、心配だな。

こんなふうに**彼の状況を妄想したり、感情を予測してしまう。さらには「一緒にいない時間や、会えないときの相手の行動が気になり、こっそりSNSをチェックしてしまう」なら、あなたは彼のことを考えすぎです。**

「彼」のことを考えるというと、一見「好き♡」「一途」という印象がありますが、常に彼のことを考えている女性は、自分の**「妄想」**や**「不安」**を彼に押し付けていることが多いのです。

この状態が続くと、彼からも大切にされなくなっていきます。

例えば彼に約束をドタキャンされる、自分との時間を大切にしてくれない、いつもケンカして衝突ばかりしてしまう……など。

実は、彼をそういう状態にしているのは「あなた」なのです。

「逆設定ノート」で、驚きのビフォーアフター

○昔の自己中な彼

・夜22時以降の待ち合わせで、私が待ち合わせ場所に着いたら突然ドタキャン。
・デートはいつも1時間くらい遅刻。
・食べ物や飲み物は自分の分しか買わない。
・隣で寝るときはいつも背中を向けられる。
・メールが嫌い、電話はかけてもすぐ切られる。
・家事はしない。自分が使った食器も放置。
・何かあると「女って、めんどくせー！」と言われる。
・謝るところを見たことがない。
・仕事と趣味が最優先！　なかなか会えない。

○変化したあとの彼

・約束の時間はきっちり守る。
・趣味の場に誘ってくれる。
・出先の景色や食べ物などの写メをくれる。
・家事を手伝ってくれる。
・重い荷物を運んでくれる。
・毎月のスケジュールを送ってくれる。
・メールは毎日。合間の時間に電話もくれる。
・私が疲れた日はご飯を作ってくれる。
・ケンカしても謝ってくれる。
・私の会いたいときに時間を作ってくれる。

同じ人とは思えない変化でしょう？

これらは全て、**「逆設定ノート」で引き寄せの法則を応用し、現実がガラッと変化した例です。**

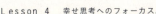

彼への「良い思い込み」にフォーカスする

一度書いてみると実感できるのですが、「逆設定ノート」は、**望まない現実を受け流し、悪い思い込みを作らない**ためのノートです。

例えば今日、あなたの彼が冷たかったとします。

このときあなたは、いくつかの思い込みを作ることが可能です。

①彼＝冷たい人という思い込み。

②彼は、今日は冷たかっただけという思い込み。

あなたは、①と②のどちらを選びたいですか？

起こる出来事に対する捉え方は、受け取る側の自由なのです。その後の未来は、あなたがどんな思い込みを持つのかによって変わってきます。

「彼は冷たい人だ」と思い込めば、彼が冷たいという未来がやってくるし、「たまたま今日は冷たかっただけだ」と思い込めば、いつもは優しい彼という未来がやってきます。

私たちは自分で未来を作れます。

それなら私は、できるだけ愛のある捉え方をしたい！と思います。


彼に対する悪い思い込みに引っ張られそうになったときは、「逆設定ノート」を書いてください。

彼への悪い思い込みを捨て、悲しみや不安や失望でぐるぐるしている気持ちを落ち着けるのです。

「彼は、優しいときが通常。冷たいときはたまたま！」

かなり都合の良い捉え方ですが、私がもし反対の立場でも、そう思われると嬉しいのです。


人間は誰しも波があります。彼だけではなくて、私だってそう。

彼が望まない態度を見せたときは、現実はひとまずおいておき、**「逆設定ノート」に理想の彼の姿を書きましょう。**現実と脳内は別々でいいのです。

良い状態の彼にフォーカスし、望まない彼の態度に悩みすぎないことが、望む状況を引き寄せる関係を作っていくコツです。

ノートで安心を先取り、ガマンを捨てる

「逆設定ノート」を書く目的は、**不安や焦り、哀しみ、不満の感情から、ニュートラルな感情（安心感）を取り戻す**ためです。

逆設定を書いて、彼に対する悪い思い込みが外れると、ホッとする感覚がありませんか？　それが、自分の波動が安心の波動に変わったサインです。

ノートを書かずにネガティブな感情を溜め込んでいると、結局いつかは気持ちが爆発して、相手にぶつけることになりかねません。

そもそも男性は女性に比べて左脳が発達しているため、右脳が司《つかさど》る「感情」の表現や理解が苦手です。彼女が目の前で感情を爆発させたり泣いたりしたとき、男性の本音は「どうしよう」という戸惑《とまど》いが強くなります。

相手の言い分なんて、聞く余裕はありません。

気持ちを察することもできません。

ただ状況に戸惑い、ストレスに感じ、「早く終わらないかな」と心のシャッターを閉じてしまうことになります。

女性が感情を爆発させると、**不安や不満を伝えても、残念ながら男性には全く伝わらない**のです。これは脳の違いもありますから、男性のことを「真剣な話のときに限って、聞いてくれない」と責めるのはちょっと酷。


これを知らずに繰り返すと、女性も**「彼に話しても理解してもらえない」「それどころか、冷たくされる」**という経験を重ねることになり、**「不満を言うのをやめよう」「ガマンしよう」**という思考回路にはまってしまうのです。

あとで書きますが、**ガマンと遠慮はするだけ無駄。**

しない方がパートナーとの関係は改善されます。

感情的にぶつけることがダメなだけで、むしろ気持ちは素直に伝えた方がいいのです。

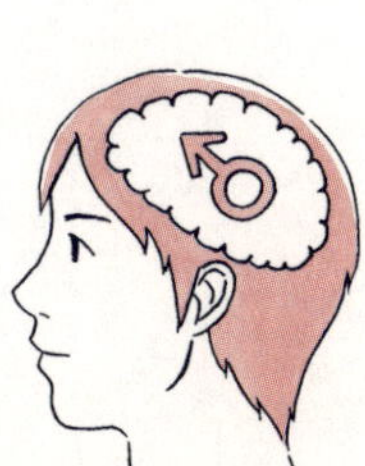

愛され上手な女性は、不安や不満を伝えることが上手です。

だから「逆設定ノート」を書くことがおすすめなのです。

このノートを書いていくうちに、自分の感情が落ち着き、コントロールしやすくなっていきます。

ワガママは、むしろ言った方がいい♡

男性は「面倒くさい女」が嫌いです。

「面倒くさい女」とはワガママな女ということではありません。

「分かりにくい女」のことです。

「こうしてほしいな」というストレートな提案は、分かりやすいのですが、**女性が「察してほしい」と思うことや、遠まわしな表現には気付けません。**

例えば、「いつも私ばかりが会いに行っているから、彼からも『今度は会いに行こうか?』と言ってほしい!」というような期待もそうです。この場合は、「今度はこちらに会いに来てほしいな」とストレートに伝えましょう。

男性は、「どうすればいいのか分からないこと」が苦手なのです。

女性は察する能力に長《た》けているので、相手も同じだと思ってつい期待してしまいますが、かなりの確率で「面倒くさい」と思われていますよ。


それにしても、なぜワガママを言えないのでしょうか。

彼に**嫌われたくない**からですよね？

数年前までの私も「嫌われたくない」気持ちが強く、彼の前では自分らしくいられなくて、いつもガマンばかり。まさに「良い子」だったと思いますが、同時に個性のない、最高に「つまらない女」だったと思います。

「逆設定ノート」を書きながら私が行ってきたことは、ただ**「嫌われたくない」気持ちを手放した**ことです。ガマンするのもやめ、嬉しいことは嬉しい！　無理なことは無理！と、ひたすら自分の気持ちを素直に表現しました。

私が自分を大事にするようになったら、彼も私を大事にしてくれるようになりました。

あなたも、もっと彼に本音を伝えていいし、ワガママになっていいんです♡

「ワガママ」というと、悪いイメージを持ちやすいのですが、**「我のままである」**ということ。本来は、とても魅力的なことなのです。


ワガママを言うことは、自分を知ってもらうこと。

つまり、お互いの情報交換なのです。

「小さなお願い」で甘え上手に

「ワガママを言うこと」のメリットは、他にもたくさんあります。

可愛いワガママは、むしろ恋のスパイスになります。

ヤキモチも上手に焼けば、相手も嬉しいですよね。

また、男性は、本来頼りにしてもらいたい生き物。そして、「パートナーのためにがんばった分」だけ、その女性への愛情が育つと言われています。


「こうしたい」「ああしたい」が伝えられずにガマンしている人、甘えるのが苦手な人は、「小さなお願いをする」ことからはじめてみてください。

ある生徒さんは甘えるのが苦手で、可愛くお願いする練習をしたそうです。例えば、高いところにあるものを取ってもらうことや、外しにくいネックレスを外してもらうこと。自分でもがんばればできるであろうことを、あえてお願いしてみたら、彼は、快く手伝ってくれただけでなく、お礼を伝えると、予想以上に嬉しそうだったとのこと。

ワガママすぎるのは考えものですが、「こんなこと言って迷惑じゃないかな」と遠慮しすぎるのは、全く頼ってもらえない男性からすると、少し寂しいものがありますよね。

彼女はその後、「少しずつ彼に甘えられるようになると、これまでよりも本音で話せる関係になれました！」と話してくれました。

まずは「簡単に」「すぐできる」お願いからはじめてみる。

そして、**お願いを叶えてもらったら、その都度感謝の気持ちを伝える。**

なんでも彼の言うことを聞く、優先順位の低い女にならないためにも、自分

の意思を尊重して、ワガママに彼と接していきましょう。

♫ パートナーと理想の関係になる3つのコツ

あの人にはいつも誘いを断られるから、私は「嫌われている」かもしれない。
彼はいつもすぐに返信をくれるから、私のことが「好き」なんだな♡

①相手の気持ちを勝手に予測しない

こんなふうに、相手の気持ちを予測して、一喜一憂していませんか？
だけど、気持ちの予測って本当に意味がないのです。
あの人は私を好きなのか、嫌いなのか。
本当のことは、本人にしか分かりません。
恋愛を上手に進める方法は、ただひとつ。
勝手に相手の気持ちを予測したり、自分の物差しだけで判断しないこと。
正しい情報は、本人に聞かない限りは分からないのです。

②今すぐ不安を手放すと決める

引き寄せの法則では、**今を楽しむこと、良い気分を「継続すること」**が大切だと言われています。

だけど女性って、とても器用な生き物。「今」を楽しむ選択をしながらも、心はつい、過去や未来にいってしまうんですよね。

例えば、「今」友人とのランチを楽しみながらも、心の中では過去に起きた恋愛について考えている。「今」素敵な景色を楽しみながらも、心の中では幸せな結婚ができるかなと未来を心配している。

あなたもこのような経験がありませんか？

せっかく「今」を楽しむ選択をしていても、これでは**内側から出ている波動は焦りや不安**になってしまいます。

これはとってももったいないこと！　そんなときは、**「この不安や焦りはいつ手放すの？」**と、自分に問いかけてみましょう。

今すぐに手放すのか、明日手放すのか、それともずっと持ち続けるのか。

きっと、根拠のない不安なんて、今すぐ手放したいですよね。

今すぐ手放すと決められたら、もう一度、目の前の心地よいことに集中し直してみましょう。すると、**「今この瞬間」には、何も心配することは起きていない**ことに気付くはず。

今を楽しむこと。その先に素敵な未来が続いています。

③「既読スルー問題」は2人のルールで

先日、ブログの読者から「愛香さんは、彼からＬＩＮＥの返事が来ないとき、どうしていますか？」という、ご質問をいただきました。

既読スルー問題は、男女にありがちな大きな案件です。

「いっそのこと『既読』とつけないでほしい。読んだかどうか分からない方がまだいい！」という声もよく聞きます。

ご質問の答えから言うと、私は、相手がお付き合いしている彼の場合は、返事がなくてもまたこちらから連絡をします。

これは、付き合いはじめたばかりの頃に成約されたルール。

当時の私は、かなりの寂しがり屋だったため、彼に返事は求めないという約束で、「送りたいときに送ってもいい!」と2人で決めました。

結局、毎日最低1通はメッセージを交換するようになりました。私自身も、送るのをガマンしていた頃よりも送りたい衝動に駆られなくなったので、LINEの頻度でモヤモヤしていたことを、素直に話して良かったなと思います。カップルの場合は、こんなふうに**2人だけの恋愛ルール**を設けてみるのもおすすめです。

LINEの頻度で愛情なんてはかれない。そうとは分かっていても、女性はやっぱりコミュニケーションをとることが愛情表現だと思う生き物。でも「LINEをくれない=愛されていない」と決めつけるのは早いかなと思います。LINEは、男性にとっては連絡ツールのひとつなので、「それで愛情をはかられるってどうなの?」と、本音では思っている場合もあります。

彼があまり連絡をくれなくても、会うと「大切にしてもらえているな」と安心できるのであれば、その事実を大切にしましょう。

さて問題は、片思いの場合。

大前提として相手にも、返す・返さないの自由があります。

そのうえで、もし返事が来ないとしたら、私なら頻度に気をつけながら、自分からもう一度ＬＩＮＥを送ってみると思います。返事の催促や、「忙しいの？」とか「何かあった？」などの伺いはたてずに、**楽しい話題でサラッと連絡してみます。**

そして送ったあとは、ワクワクと返信を楽しみにしながら、自分の好きなことに時間を使います。モンモンと考えすぎたり、携帯を眺めて待つことはありません。

彼を怒らせてしまったときこそ「トリセツ」を作るチャンス！

彼を怒らせてしまったとき、彼を悲しませてしまったとき。

こんなときは、実は、彼の情報をインプットするチャンスです！

相手がどんなときに喜ぶのか、どんなことで怒るのか、どんなことが悲しいのかを知れば知るほど、**「彼の取扱説明書」**が作れます。
もちろんあなたの本音をパートナーに伝えることも大切です。

このようにして、**お互いの「取扱説明書」を作っていくと、相手のことを無駄に予測することがなくなっていきます。**

恋人同士とはいえ、人格は別々ですから、価値観も違っていて当たり前。
その違いが明らかになったときこそ、信頼関係を深める絶好のチャンスです。

愛情表現が苦手な人は文章で！

先日ブログで「言葉で伝えることが大切だと理解しているのですが、上手に気持ちを表現することができません。何かコツがあれば教えてください」とのご相談をいただきました。

私も今でこそ、彼には正直な気持ちを伝えられるようになりましたが、最初の頃はどうしても想いを伝えることに恥ずかしさを感じたり、うまく気持ちを表現できずにいました。

だから質問してくださった人の気持ちがすごく分かります！


私が受講生にアドバイスをして、とても効果的だったのが**「上手にやろうとしないこと」**です。たとえ言葉が得意ではなくとも、想いを伝えたい気持ちは自然と伝わっていくので大丈夫ですよ。


最初はメールや手紙など、**「文章で想いを素直に伝える」練習をする**ことがおすすめです。

先ほどの受講生もこの方法で、少しずつ変化して、「最初は勇気が必要だったことも、だんだん慣れていくから不思議ですね」と話してくださいました。

「ありがとう」や「素敵だね」というポジティブな言葉を言われてイヤな人はいません。素直な気持ちをその場で伝えられるようになれたらいいですね。

言葉で伝えられないなら行動で伝える

どうしても言葉にできない場合は、ありのままの自分を受け容れてみましょう。

愛情は、行動で伝えてもいい。

伝わるかどうかが大切だから。

また、あなたが「想いを言葉にするのが苦手」ということを、パートナーが知っているかどうかでも、大きく違うと思います。

例えば、女性にも「彼が想いを言葉で伝えてくれない……」と悩んでいるケースがあります。しかし、「彼は想いをあまり口にしない人」と分かっていれば、不安になりづらいですし、行動から愛情を拾おうという意識が持てますよね！

だからあなたも、日頃から彼への愛を行動や態度でどんどん伝え、「彼女は言葉では表現しないけれど、自分のことを大事に思ってくれているんだ」と分かってもらうといいと思います。

極論、「言葉で上手に想いを伝えられなくても大丈夫」です。

伝えるのが苦手という人は、聞き上手な人がとても多いから。

伝え上手と聞き上手、どちらも素敵なことですよね。

私は以前、苦手なことをがんばって伸ばそうとして苦しんだ経験があるので、得意な方を活かすこともとても素敵だと思います。

自分を変えて言葉で伝えられるようになるパターンと、ありのままの自分を受け容れていくパターン。

あなたにとって、心地よい方を選んでみてください。

変化したい！でもＯＫですし、今の自分を活かしたい！でもＯＫ。

ありのままのあなたで彼への愛を伝えてみましょう。

「先取り感謝」で現実を変えよう

「逆設定ノート」は、望む未来を先取りするために書くノートです。

実はノートに書くこと以外でも、言葉で相手の反応を「逆設定」していくこ

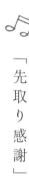

とができます。私は**「先取り感謝」**と呼んでいて、「理想と現実が合っていないな」と感じるときによくやっています。

言葉にはすごい力があって、その言葉をかけられた人間を変えていくことができます。

例えばあなたが、子供の頃から「あなたって優しい子だね」と言われて育ってきた場合、あなたは「私は優しい人間だ」と思い込んでいるでしょう。

また、会う人会う人全員に「あなたって女優のAさんに似ているね！」と言われると、最初は「そんなことないでしょ」と受け容れられなくとも、だんだん「あれ？　もしかして私、似ているのかも」と思ってきませんか？

先取り感謝はこの効果を利用したものです。

彼に対して「なんで大事にしてくれないの？」と思うときこそ、**「いつも大事にしてくれてありがとう」**と伝えてみてください。そうすることで自分の脳も「彼の優しさ」を探しはじめます。伝えるタイミングは、冷たくされた瞬間ではなくて、「優しさ」を見つけた瞬間です。

特に寝る前の時間は95％の宇宙と繋がりやすいので、私もよく伝えていました。「いつも優しくしてくれてありがとう」と私が言うと、彼は寝ぼけながら「うーん……」と答えます。こうすると相手の脳の無意識の部分に自然に入っていくのです。

男性は大事な人を幸せにしたいと思う生き物。先取り感謝で、彼女に優しくできている自分、感謝されている自分を刷り込むのです。

実際に受講生Mさん（20代介護士）も、気になる男性に積極的に感謝を伝えるようにして、大きな変化があったそうです。

どこに出かけるかは常に女性任せだった彼に、「いつも楽しいデートをありがとう」と伝えると、初めてディナーのお店を彼から提案してくれたそう。

今では彼もガラリと変わり、「俺ってMちゃんに優しいもんね？」と、自分から言っているそうです。そして、自分で優しいと思っているからこそ、荷物を持ってくれたり、駅まで送ってくれたり、これまでにはなかった優しい行動をしてくれるようになったのです。

一方、先取り感謝ができない人もいます。彼に不満を見つけては**「あなたって冷たい」**とか**「どうしてこんなこともしてくれないの？」**とか。

ダメ出しをして男性を否定してしまうと、彼はあなたといることに自信をなくしてしまいます。

先取り感謝は本当に効きますよ！

ぜひ実験感覚でやってみてくださいね。

「仲直り」設定で、ケンカを長引かせない

あなたは、ケンカのあと、「向こうが謝ってくるまで絶対連絡しない！」といつも意地を張って長引かせてはいませんか？

あるいは、「あーあ、やっちゃった……。これで嫌われただろうな」と**どんよりしたエネルギー**を引きずっていませんか？

ケンカは、その後の処理が肝心です。
どうせなら、ケンカをきっかけに2人の仲を深めてしまいましょう。
私は、基本的になるべく早く、一度本音で話し合える時間を持った方が、関係に溝ができないと思っています。もちろん、ケンカの内容によって時間を置くことが必要な場合は別ですが。

私がケンカをしたとき、よくやっていたのが、ノートに**「仲直りをした設定」を書く**こと。「理想の彼に出会うノート」と同じように、仲直りしたあとに感じるであろう感情も添えて書いていました。

先取りで、今、仲直りしたあとの自分のエネルギーになるのです。
感情を先取りすることの良いところは、**自分から出るエネルギーが変化するところ。**書いた内容が叶うのではなくて、書いているときのホッとする「安心のエネルギー」が叶っていくのです。

実際、受講生のCさん（30代自営業）も仲直りを設定したときの状況を、こんなふうに話していました。

「それまでは、彼に連絡をする気にもならないほどモヤモヤしていたはずが、不思議なことにノートを書いたあとには『ちょっと連絡してみようかな』という気持ちになっていました。そこから素直に彼に連絡ができたことで、結局予定よりも早く仲直りができました」と。

安心の感情の先取りはとても効果的です。

無駄にケンカを長引かせないためにも、やってみてください。

彼からの誕生日プレゼントは、設定どおりの腕時計♪　これまでは欲しいものを伝えることにも遠慮がちだった私が、本当に欲しいものをお願いできた！

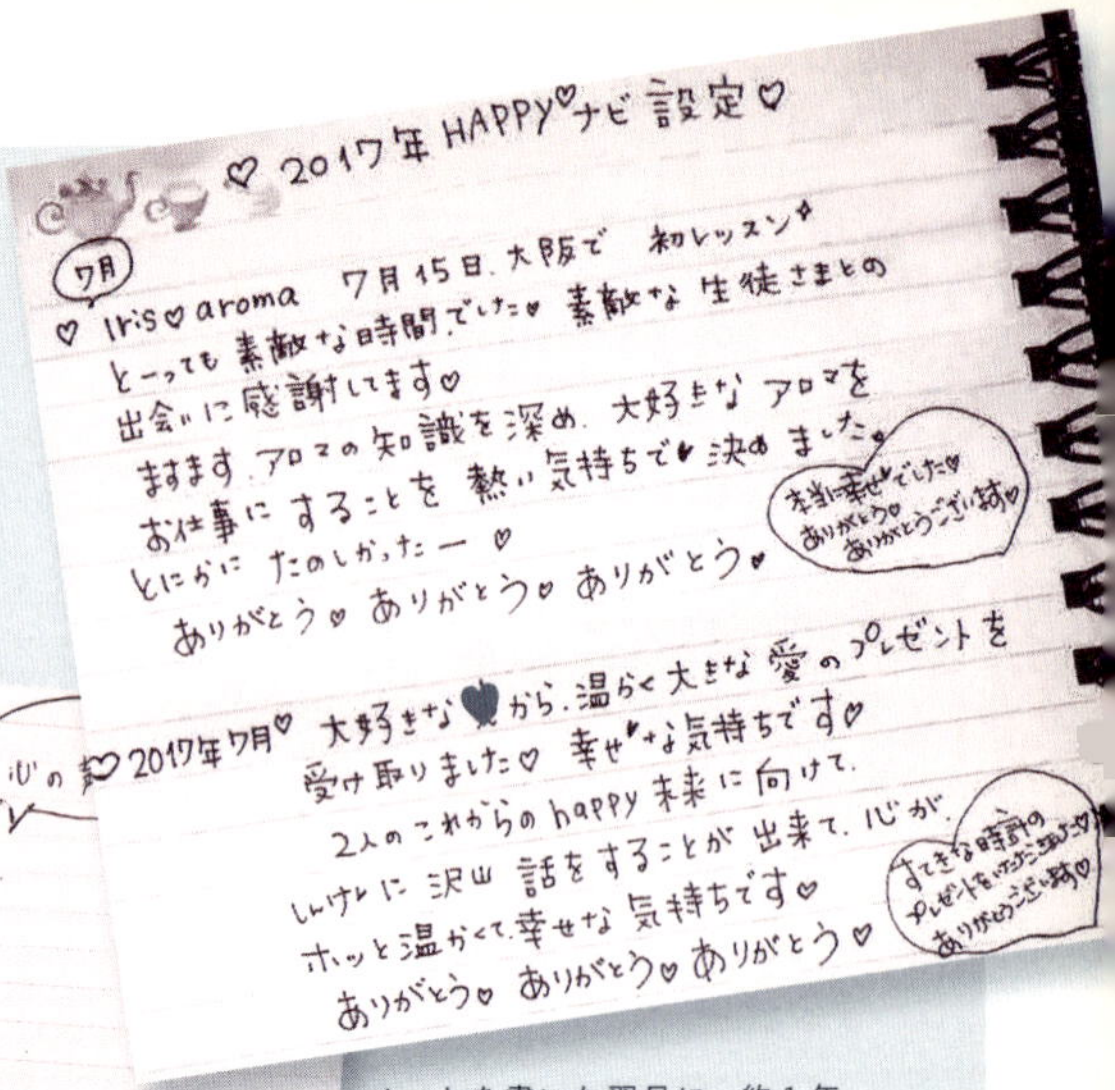
♡2017年HAPPY♡ナビ設定♡
7月
♡ Iris♡aroma　7月15日、大阪で　初レッスン☆
とーっても素敵な時間でした♡ 素敵な生徒さまとの
出会いに感謝してます♡
ますますアロマの知識を深め、大好きなアロマを
お仕事にすることを 熱い気持ちで決めました。
とにかく たのしかったー♡
ありがとう♡ ありがとう♡ ありがとう♡
本当に幸せでした♡ ありがとう ありがとうございます♡
♡2017年7月♡ 大好きな から、温かく大きな愛のプレゼントを
受け取りました♡ 幸せ♡な気持ちです♡
2人のこれからのhappy未来に向けて、
しんけんに沢山話をすることが出来て、心が、
ホッと温かくて幸せな気持ちです♡
ありがとう♡ ありがとう♡ ありがとう♡
すてきな時計のプレゼントをいただきました♡ ありがとうございます♡

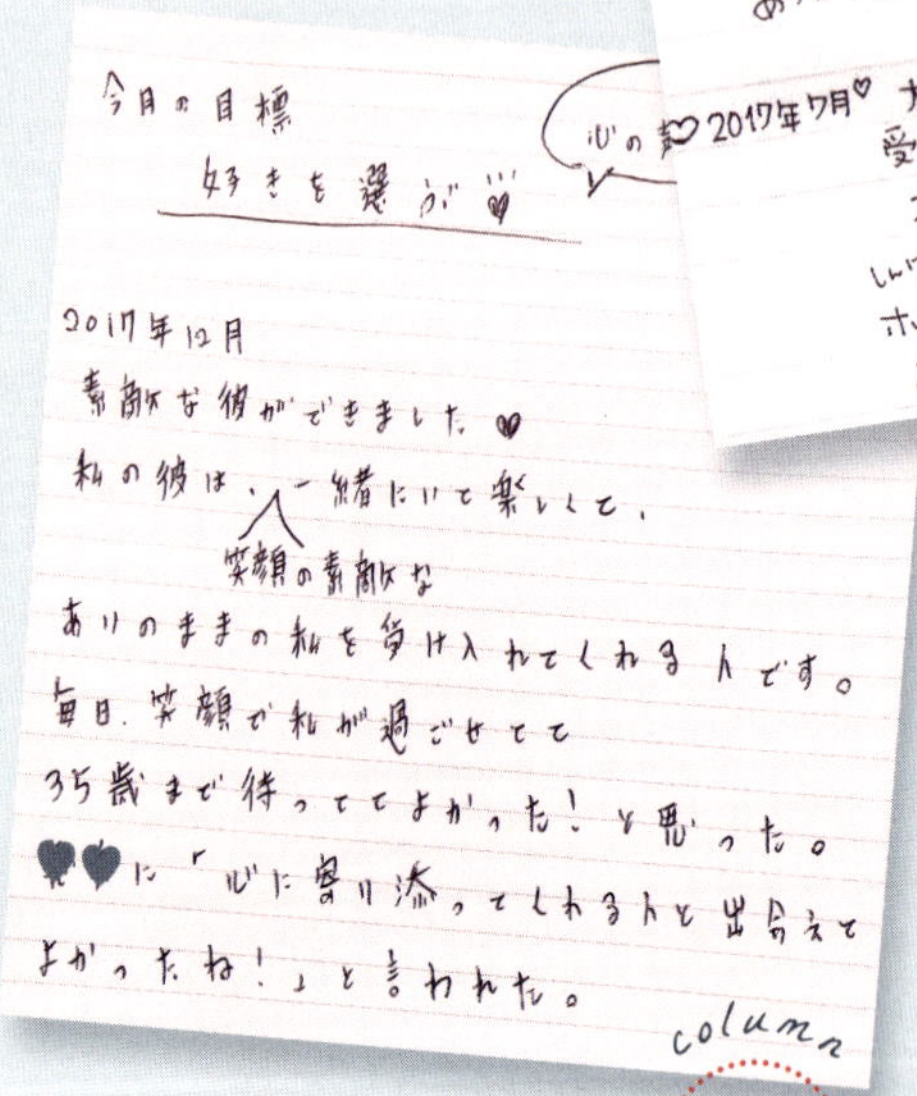
今月の目標
好きを選ぶ♡
2017年12月
素敵な彼ができました♥
私の彼は、笑顔の素敵な一緒にいて楽しくて、
ありのままの私を受け入れてくれる人です。
毎日、笑顔で私が過ごせてて
35歳まで待っててよかった！と思った。
に「心に寄り添ってくれる人と出会えて
よかったね！」と言われた。

ノートを書いた翌月に、約１年も会えていなかった片思いの彼と会えることに♡　最後に１文、よく親友から言われていたひと言を添えることで、リアルにイメージできるようになりました！

column 3 みんなのノートを紹介！

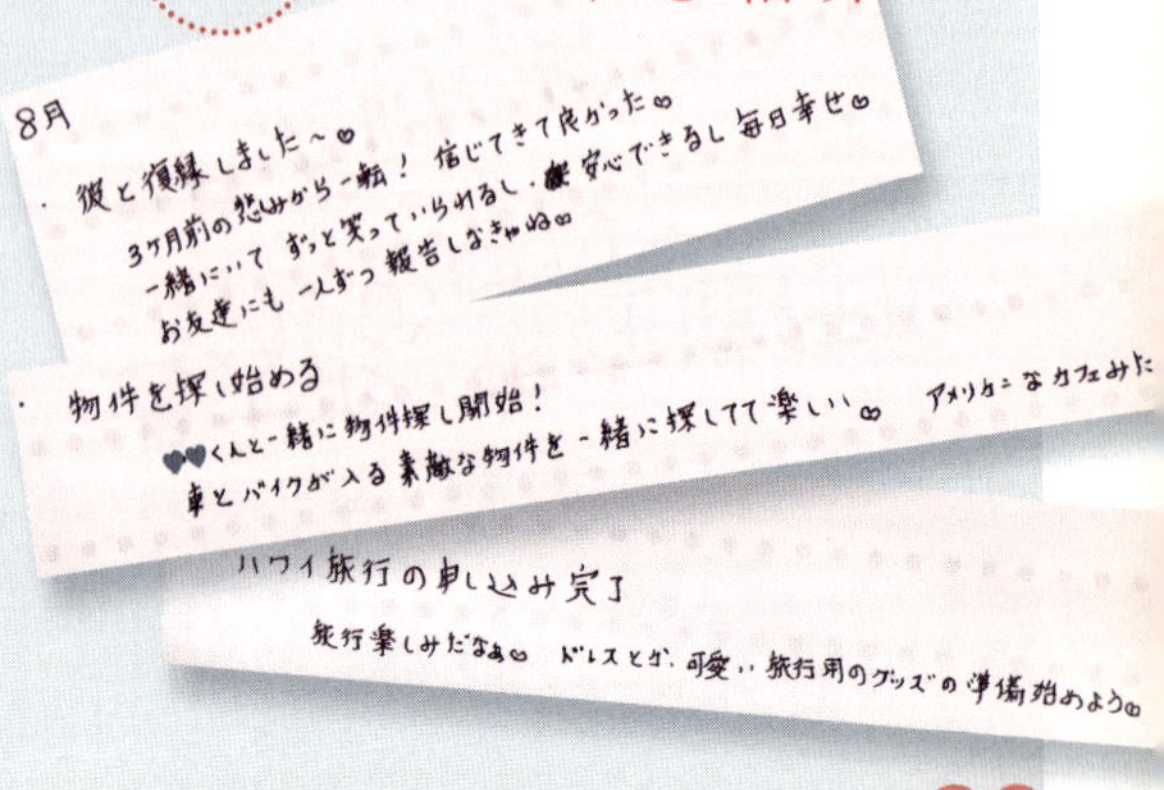
8月
・彼と復縁しました〜♡
3ケ月前の悲しみから一転！ 信じてきて良かった♡
一緒にいて ずっと笑っていられるし、安心できるし毎日幸せ♡
お友達にも一人ずつ報告しなきゃね♡
・物件を探し始める
くんと一緒に物件探し開始！
車とバイクが入る素敵な物件を一緒に探してて楽しい♡　アメリカンなカフェみた
ハワイ旅行の申し込み完了
旅行楽しみだなぁ♡ ドレスとか、可愛い旅行用のグッズの準備始めよう♡

思い切って「復縁」とはっきり書いて、見事引き寄せ♡　復縁したあと、２人で一緒に暮らすための物件を探したり、旅行に行くことも設定したら、ワクワクした♡

♡ 彼と婚約しました
ずっと前からの夢が叶ってしあわせ ♥♥さんありがとうございます
♡ 仕事が波にのってきました
お給料UPして周りの人もいい人ばかりで仕事が大好きで毎日ニコニコしていられる

見事婚約を叶えたノート！　書いて半年で叶いました♡　書いた当初は、まだ彼とはお付き合いもしていない状況でした。他にも、仕事や、お給料のアップなど、様々な幸せを引き寄せでゲット！

これは、私自身のノート。書いたのは2017年6月。半年前から興味があったものの、踏み出せていなかった動画配信。実際に設定した月よりも1ヶ月早く、ニコ生配信スタートのお話をいただきました！　設定どおり、たくさんの友人が観てくれて、嬉しい感想メールが続々♡

7/12

2017年8月♡
動画配信がスタート!! とっても楽しい♡
いろんなゲストの方にも来て頂いて、ブログには書けていないリアルなトークが沢山できました(*´ω`*) 思った以上に沢山の方が観て下さって、本当に嬉しい↑↑ ラブ♡♡〃
友人が「すごく良かったよー！面白かったよー！」と言ってくれた。

2017年9月♡
大好きな人との関係が、どんどん良くなっています(≧▽≦)
あきらめなくて良かった↑↑
私の理想の生活と、理想のパートナーシップが築けています♡♡ 安心して仕事も頑張れる！毎日Happy♡
ありがとうー!!!!

5月 色んな出会いが舞いこんできた。
新しい人に出会うって、新しい自分を発見できて新鮮だな
6月 やっと一緒にいて、ぴったりくる人と巡り会えた気がする！こんな所にいたんだね。私ずっと待ってたよ。

9月
10月 一緒にいて自然体でいられる、笑顔が優しくて可愛い彼が出来ました。私、私らしく生きてて本当によかった。そのままの私を愛してくれる人と巡り会えて本当に幸せだー。これからも私のまま、私らしく生きていこう
11月

「恋愛だけがどうしてもうまくいかない」が口グセだったけれど、書いて2ヶ月後に、素敵な彼ができました！　楽しくノートを書いてみたら、予定よりも早く叶ってビックリ！　こんなに自然体な自分でいられる恋愛は初めて♡　今まで好きになっていた俺様系男子とは真逆の優しい彼。いつでも私のことを最優先してくれます！

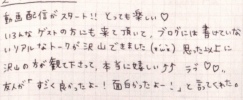

column

4 逆設定ノートを書いてみよう！

逆設定ノート

書くときのPOINT

第4章で紹介した逆設定ノートは彼にも旦那様にも使えます。何か理想と違うことが起きたときこそ逆設定ノートで、理想のパートナーの姿を書いてみましょう。このノートはワクワクする必要はありません。フラットな気持ちで感情を入れず書きます。2人の関係をより良くしてくれるノートです。

Lesson

5

本音に正直に。

そして私も
プロポーズされる♡

引き寄せノート

5

プロポーズを引き寄せるノート

第５章でご紹介する「プロポーズを引き寄せるノート」は、実際にプロポーズを引き寄せた人が続出しているノートです。

基本的な書き方は第３章の未来設定と同じなのですが、プロポーズという一大イベントに関わることなので、みなさんに聞かれることが一番多いノートでもあります。

本気の願いほど、必死になってしまいがちですが、気分の良いときに、気楽に楽しく書いてみてください。

そしてある程度のプロポーズの過程は、宇宙にお任せしましょう。

ここでもやはり、大切なのは「感情」です。今、幸せな感情を先取りすることで、叶うパワーもアップします。

STEP 1

プロポーズされる時期を「直感で」設定

「今、彼の状況はこうだから……」などと頭で考えすぎず、ふと思いついた時期にします。

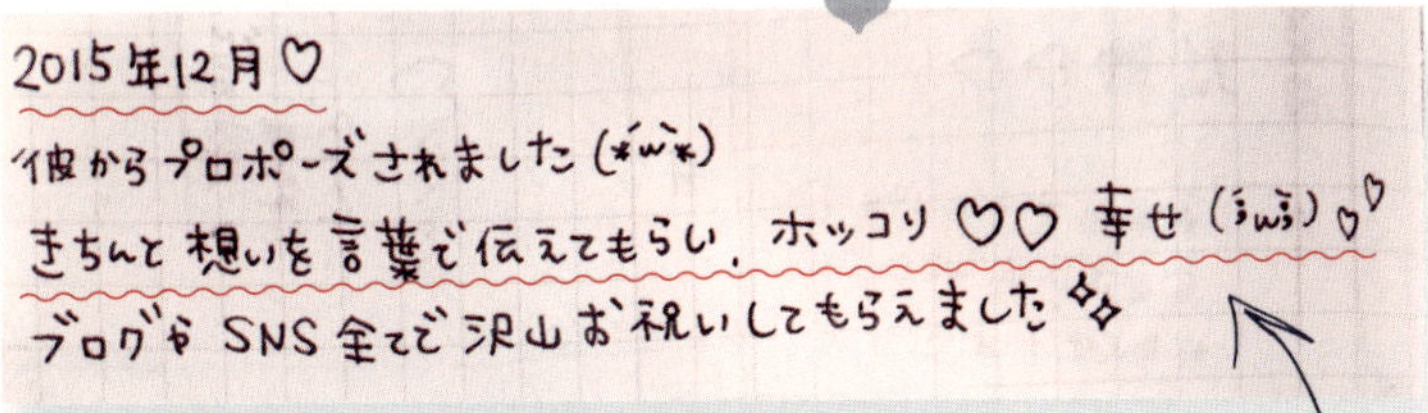
2015年12月♡
彼からプロポーズされました(*´ω`*)
きちんと想いを言葉で伝えてもらい、ホッコリ♡♡ 幸せ(うふふ)♡
ブログやSNS全てで沢山お祝いしてもらえました✧

STEP 2

「彼からプロポーズされました」という出だしで書く

すでにプロポーズされた波動を先取りするために「過去形」で、プロポーズの様子を書きます。

彼の様子はどんな感じでしたか？

そのときあなたは何を感じましたか？

幸せで胸がいっぱいになったり、嬉しさのあまり泣いているかもしれません。ぜひワクワクしながら書いてください！

ワクワクをリアルに感じることがとても重要です。

STEP 3

叶ったときの自分を、リアルにイメージ

彼氏ができたときよりも、結婚が決まったときの方が、きっと周囲から大きな反応があるはず。

例えば、仲の良い友人たちとのLINEグループでは、お祝いのスタンプ祭りになったり、親友からハグされたりするかもしれません。

実際に起こりそうな周囲の状況の変化をあわせて書くと、よりリアリティを感じられます。

ノートを書いて結婚が決まった人が続出！

ついに最終章です♡
ここまで読んでくださったあなたは、「今ある豊かさに気付くノート」「自分イイね！ノート」を書いて波動が整い、「理想の彼に出会うノート」「逆設定ノート」でパートナーとより深い関係を築いていることでしょう。
いよいよプロポーズの言葉をもらうときが来ました！

つい先日、ご報告をいただいたYさん（20代女性）のメールをご紹介します。
「もう5年ほど、新年の目標には『結婚する』と書いていました。でも『結婚』が漠然としすぎていたと気付いて、まずは『婚約する』とノートに書いてみました。『プレ花嫁』という言葉に憧れていて、結婚と書くよりもワクワクしたからです。当時は、お付き合いもしていない状況でしたが、**書き方のポイントを知ってから書くと、いつもよりも楽しく、ホッとした気持ちで書けました。**

それから半年の間に、彼とのお付き合いがスタートし、婚約まで叶いました！ 腹が立つときも悲しいときも、自己受容を大切にしました。今まで、何を食べたいかも人に選んでもらっていましたが、少しずつ自分の内側と繋がっていくことで、結果的に大きなこともすんなり自分で決められたり、タイミングがいいなと思うことが増えていき、大きな夢が叶いました。なによりも自己否定の気持ちが強かったので生きやすくなったと思います」

Yさんのように、「なんとなくこれでいいのかな？」「本当に叶うのかな？」と迷いながら、ノートを書いてきた人もいらっしゃると思います。

ノートの書き方はとても簡単ですが、ちょっとしたコツで驚くほど変わります。プロポーズ待ちの人はぜひ書いてみてくださいね。

自分の幸せは自分で選ぶ

実は私は、プロポーズを2回引き寄せています。

一度目は、長く付き合った方からのプロポーズ。
けれど、その方とは結局1年後にお別れすることになります。

なぜかというと、私が私の意志で自分の幸せを選んだからです。
人生では、ときに大きく**「変化」するとき**が訪れます。
出会う人も価値観も、自分の予想を超えて変化していくときです。
ここでは、私に起きた出来事を正直にすべてお話ししますね。

彼からプロポーズをしてもらい、1年が経ちました。
婚約はしたものの、彼の仕事の都合で入籍の話は延期になったまま。
「仕事が落ち着いたら…」という理由で、結婚の話は伸びるばかり。
何度か真剣に話し合いもしましたが、なんとなくスッキリしない彼の反応。

そんなときに、私の中でひとつ決断したことがあります。
それは、このまま結婚の時期が決まらないのであれば、**「今後の人生について、**

改めて自分がどうしたいのかを考え直そう」ということでした。

「私はどんな結婚をしたいのか」、もう一度、真剣に向き合わなければいけない。

そこで私は、**相手を特定せずに「幸せな結婚」のオーダーを、ノートに書き直してみることにしました。**

ノートには、最初の頃の設定よりも、より詳しく「理想の家庭像」も書いてみました。

すると、私は本当に彼と結婚したいのかな？

本当に彼と結婚して幸せになれるのかな？

と、疑問に感じ始めたのです。

ちょうどずっと夢見ていた出版が決まったことをきっかけに、色々なお仕事も広がっていた頃でした。

毎日仕事が楽しくて、ワクワクした気持ちで過ごしていました。

環境もどんどん変化する中で、２人の価値観の違いや、２人の間の違和感も大きくなっていきました。

今思うと、心の奥にあった彼との未来に対する違和感が、結婚を叶えられない**「引き寄せのブレーキ」**になっていたのでしょう。

未来の自分の笑顔が想像できなくなっていたのです。

長く付き合っていただけに、その決断が正しいのか迷いましたし、葛藤もありました。けれど、自分の心の本音に正直に生きたい、そう思った私は、最終的に自分から別れを切り出しました。

それから、１ヶ月も経たない頃。

とにかく楽しく仕事に打ち込んでいた時期に、現在の彼と出会いました。

引き寄せの法則を実践し、頭で考えるよりも、心で感じることを大切にしていたおかげで、初めて会った日から「なんとなく」彼のことが気になっていました。

そこからすぐに意気投合し、**なんと出会って１ヶ月後にプロポーズを引き寄せたのです！**

私自身、あまりに早い展開に驚きましたが、不思議なくらい、不安や迷いが一切ありませんでした。

ノートに書いていた「理想のパートナー」にピッタリな人。

現在の彼に出会い、これまで以上に**「私はそのままの私でいい」**と思えるようになりました。

仕事も恋愛も、ついつい頑張りすぎてしまう私の、心が緩んでいったのです。

だけどもちろん、今にたどり着くにはやはり、長く付き合った彼とのお別れも必要だったのだと思います。

過去の恋愛と引き寄せノートで**「自分で自分を幸せに出来る私」**になれたからこそ、今こうしてこれまでにない私らしい恋愛が出来ています。

この本に書いてある5つのノートは、どれも自分で自分のことを幸せにする力をつけるためにあります。

これらの思考が定着すれば、私たちは**相手が誰であっても「幸せな恋愛」が築ける**のです。

そして、**男性に選んでもらう女性ではなくて、自分で自分の幸せを選べる女性になれる**のです。

願いにも、決断にも、妥協は必要ないのです。

受け取り上手になろう

いつも好きな人に大切にされたいなら**「与える」よりも「受け取り」上手を目指しましょう。受け取り上手になれば、彼の中であなたの優先順位がどんどん上がっていきます。**

不思議ですよね、与える方がダメだなんて。

でもこれは考えてみれば一目瞭然。

男性は、「自分のためになんでもしてくれる女性」よりも、「自分の力で幸せにしてあげたい女性」の方が好きだからです。

愛することは男性の仕事、愛されることは女性の仕事。

男性は、好きな女性のために尽くすことで、愛情がどんどん大きくなると言われています。そのためにも、私たち女性が受け取り上手であることは大切な要素なんです。


実は、私も以前は、男性に尽くしてばかりいました。

遠距離恋愛の彼に、いつも自分から会いに行く。

誕生日には、自分からのプレゼントの方がお金をかけている……など。

けれど、どれだけ尽くしても、愛されている実感はわきませんでした。

むしろ、私は彼のためにこんなにしているのに、彼は何もしてくれない！と、不満が募る一方だったのです。

このように、女性があまりにも積極的に動きすぎることは、男性の仕事を奪うことに繋がります。すると、男性は仕事がなくなってしまう。

そして、「愛する気持ち」までも奪っている状態になり悪循環になるのです。

なんでも自分から世話を焼きすぎて、彼のお母さんのようになっているという人は要注意！


彼女や妻は、お母さんではありません。**尽くしてしまう女性は、意識的に彼から受け取る気持ちを持ってみましょう。**


実際に、私のまわりのずっと幸せな夫婦はみんな家事を分担しています。

「家事は女性がするもの」ととらわれていません。

今の時代は、女性であってもバリバリ働いている人は多いですよね。

友人たちはみんな、仕事で疲れて家事をする元気がないときは、「今日は仕事が忙しくてすごく疲れたんだ」と夫に伝えると言っていました。

すると、自然と食事の支度を手伝ってくれる旦那様もいれば、洗い物を手伝ってくれる旦那様もいます。

そして手伝ってもらったら、そのことを当たり前のように思うのではなくて、きちんと毎回お礼の気持ちを伝えましょう！

受け取り上手とは、ただ受け取る女性ではなくて、喜んで受け取る女性のこと。「あなたのおかげで、毎日幸せに過ごせているよ!」という気持ちを言葉や表情で届けるのです。

「こうしてくれたらいいのになぁ」と彼を変えようとするよりも、自分が受け取り上手になれば、自然と彼も変わります。

モヤモヤを手放して「いないと困る」存在に

全てのことには理由があります。

ご縁が繋がるとき、離れるとき。離れてしまいそうなとき。

何かしらの違和感や、心のズレが、お互いの心の中にあるとき。

その**モヤモヤを感じたときほど、自分の本音を相手に伝えるチャンス**です。

受講生のRさん(20代トリマー)は、「なかなか自分の気持ちをパートナーに

伝えられない……」と悩んでいました。

「彼が会社の付き合いで飲み会に行くとき、他の女性を好きになってしまわないか心配で、いつも冷たく返事をしてしまいます。これからもずっと、彼と一緒にいられるか不安です」

「彼が他の人を好きになるのではないか」

この**不安の正体**はどこにあるのでしょう。

だって、彼が人間関係を絶つことは不可能ですよね。

つまりこの不安は、本当に彼に問題があるとき以外は、**自分の気持ちの中だけ**にあることがほとんどです。

そこで気持ちを分解してみると、彼女は「彼のことが好きすぎて不安」と心の奥で感じていることが分かりました。

これは、本来とても幸せな感情ですよね！　その一方で、大切なものほど「失うことが怖い」という感情が出てきやすいもの。

まずは、その寂しい気持ちや不安な気持ちを、自分自身で受け容れてあげましょう。

「彼のことが大切だから、失うことに不安を感じているんだよね」と、自分自身で感じてあげるのです。

寂しさや不安に蓋をせず、まずはＯＫしてあげると、なんとなくぼんやりと感じていた不安が明確になり、少しホッとすると思います。

感情がニュートラルに戻るんですよね。

Ｒさんはセッションのあと、早速彼に素直な気持ちを話したそうです。

「飲み会に快く送り出してあげられないときがあってごめんね」と。

そして、「あなたのことが大切で失うのが怖いからイヤなことを言ってしまう」というところまで、きちんと話してみたそうです。すると、そのことに気付いていなかった彼はその後は飲み会の帰り道や帰宅後に、電話やメールで連絡をくれるようになったそうです。

Ｒさんからは、お礼の言葉と共に、「こんなことを言うと、面倒くさい女だと嫌われる！と勝手に思っていました。だけど、彼は予想以上に私の本音を受け容れてくれて安心しました」と、ご報告いただきました。その後、彼との関係はどんどん良くなり、半年後には結婚が決まったそうです。

“本音”を伝えるほど距離が縮まる

ひとりでモンモンと悩んでいたことを、彼に本音で伝えたことで、それから半年以内に結婚が決まった！という女性はたくさんいらっしゃいます。

「重たいと思われないか心配で、会いたいと伝えることさえ遠慮していたけど、彼に本音を伝えたら、もっと頼ってほしいと言われた」

「自分の家庭の問題だからと、彼に悩みを相談できずにいたけど、勇気を出して打ち明けてみると親身になって聞いてくれた」……など、みなさん本当に「伝えてよかった！」と口を揃えて言ってくれます。

やっぱり、相手にどう思われるかの心配は、ただの**自分の予測**であることが非常に多いのです。

駆け引きやテクニックを駆使するよりも、本当の気持ちを彼に伝える方が何十倍、何百倍も状況を好転させ、2人の信頼関係も強くします。

話し合うことって、パワーが必要です。

だからこそ、向き合いたいと思える相手としか、なかなか出来ないこと。「彼が向き合ってくれない」「本音で話し合ってくれない」と悩む人も多いですが、このことを知ると、「彼に求めてばかりいたけれど、私の方こそ彼に向き合う勇気を持てていませんでした。それに、彼に本音を伝えることを避けていたように思います。まずは自分発信で、彼との関係を良くしていきます！」と力強い言葉に変わります。

きっとみなさん、自分の心と向き合うことで、外側（彼）に向いていた矢印が内側（自分）に向きはじめるのでしょう。

彼があなたと向き合ってくれるとき、あなたは間違いなく、彼にとって「特別な人」。情熱をかけて、エネルギーをかけて、話したいと思える相手かどうか。

彼だって考えています。

あなたにとって、その恋はパワーをかけたい恋ですか？

迷わずＹＥＳなら、彼を信じて自分から本音で気持ちを伝えてみましょう。

「私」を主語にして気持ちを解放しよう

「本音を出しましょう」「自分に正直でいましょう」というと、**「感情を全て出していい」**と思う人が結構いますが、それは間違い。

不満や、不機嫌な気持ち、イヤな気持ちや、悲しい気持ちを伝えようとするとき、冷静に話すのが難しいことも多いと思います。

特に女性は感情がいっぱい乗ってしまいがち。


一方男性は、女性が感情のままに怒ったり泣いたりすると、むしろ萎縮してしまいます。だから、**「感情」と「言うべきこと」を分ける**必要があるのです。

では、どうしたら両者を分けて伝えられるのか。

それは、**「アイメッセージ」**を使うことです。

「アイメッセージ」とは、「私は」を主語にして伝える話法のこと。

例えば、彼に何かをしてほしい場合、「私はこれをあなたにしてもらうと嬉しい！」と言えばいいのです。


一方**「ユーメッセージ」**というものもあり、こちらは「あなたは」を主語にする話法です。先ほどの例を「ユーメッセージ」で伝えると「あなたはなぜこれをしてくれないの⁉」となり、感情が乗りすぎてしまいます。その結果、彼は耳を傾けてくれず、ますます感情的になっていく……という悪循環に。

「あなたがこうだから」と言われると、男性は自分を責められているように感じます。もし、彼があなたの話を拒否しているな、と感じるなら、多くの場合、原因は**「内容」**ではなくて、**「伝え方」**にあります。

他人のせいにするのではなくて、**「私がこうしたいから」「私はこう思うのだけど」**というように、**自分を主語に言葉を伝えてみましょう。**

彼はあなたの言葉をもっと優しく受け止めてくれるはずです。

全ての恋愛は、幸せになるためにある

人生における経験は、そのどれもが大切な宝物です。

もちろん私も、悩みの渦中にいるときは、そのように考えることは出来ませんでした。涙がかれるほど泣いたはじめての失恋や、二股をかけられて悔しい思いをしたこともありました。

けれど、**過去の辛い経験も、全ては「幸せになるためにあったのだ」**と考えると、今はとても穏やかな気持ちです。

このことは、受講生もよく話しています。

「これまでどうしても恋愛だけがうまくいかず、7年も彼氏がいなかったのに、彼と出会えてお付き合いが出来たことで、全てこの人と出会うためだったのかなって嬉しく思います」と言う人もいました。

本気で怒ったり、本気で泣けるのは、本気で生きている人の特権です。

私は数年前に大失恋をしたとき、この世の終わりかと思うほど深く落ち込んでいました。

ご飯を食べることも苦しい。寝付けない。呼吸をするのも苦しい。

心が締め付けられるような痛みでした。

お風呂に入っていても、ずっと泣いていました。友人と会っていてもうまく笑えない、ヨガをしていても、仕事の休憩中もふと気を抜くと涙がこぼれそうになる。目の前にある日常の幸せにすら、気付けなくなっていました。

そういえば、当時働いていた渋谷の駅で、寝不足のせいで階段から落ちたこともありました。リアル悲劇のヒロインです（笑）。

そのときは、通りがかりの人が優しく靴を拾ってくれました。

そしてまわりにいた人たちも、優しい言葉をかけてくれました。

その温かさに、また泣きそうになったことを覚えています。

近くに住んでいた友人も、心配して何度も職場をのぞいてくれました。

今となっては大切な宝物です。あれほど人の温かさを感じられたのは、苦しい経験があったからでしょう。たくさんの人が、私の心の大きな穴を埋めようと寄り添ってくれたのです。

人は大切な何かを失うとき、同時に大切なものを得るのだと、そのときはじめて気付くのではないでしょうか。きっと私たちは、人生の中で、幸せな経験と悲しい経験を併せ持っていて、そのどちらも私たちのために起こっているのです。大切なことを忘れないように。苦しい道へ進まないように。**一見悪いことのように思える出来事にも、私たちはちゃんと支えられているのです。**

想いは言葉で伝えよう！　愛情は行動で伝えよう！
私がこの言葉を何度も伝えるのも、もう後悔はしたくないから。
後悔した経験があるからです。
私たちは痛みにも支えられている。

泣いても。傷ついても。失恋しても。今、苦しんでいるとしても。
その経験があるからこそ、未来には、幸せが必ず待っているのです！

LOVE

Epilogue

最後まで読んでくださり、ありがとうございました。

引き寄せを学び、引き寄せを実践したことで、私は恋愛だけでなく、たくさんの夢を叶えてきました。

このように書くと、私の引き寄せが、全てとんとん拍子に実現したと思う人もいるかもしれません。

でも、実際はそうではなくて、何度か設定し直したこともありました。

特に出版に関しては、何回もノートに書きました。

きっと私自身が、出版することに対してなかなか疑いを捨てきれなかったからだと思います。

出版業界に詳しい人や、すでに出版をされている人に、「私も本を出したいです！」と話すと、全員から「絶対に無理！」と言われていました。

でも、引き寄せの法則を実践していると、全ては自分次第だということに気付かされます。人生は「自分が無理と思えば無理になる」「自分が叶うと思えば叶う」もの。

だから私は、２０１７年の5月、出版について改めてノートに書きました。

「10月に本を出版しました」と。

そしたら、なんと！　ぴったり発売月まで叶いました！


私がなぜ、「無理」と言われ続けても諦めなかったのか。

それは、引き寄せの実践の中で小さな成功体験をたくさん積み、可能性がゼロではないと信じていたからです。

それに、本気でやりきっても無理だったのなら、きちんと諦めがつくと思ったから。

本気で挑戦する前に、自分で可能性をゼロにしたくなかったんです。


あなたも、私と同じように夢を叶えてほしい。

そのために、引き寄せの法則があるのです。

この本は、たくさんのご縁に支えられて出来上がりました。

引き寄せ師匠の「Ｈａｐｐｙ」さん。ＫＡＤＯＫＡＷＡとのご縁を繋いでくださった、おかせみと先生。私の成長を辛抱強く待ってくださった、編集の間有希さん。原稿をまとめるお手伝いをしてくださった有留もと子さん。素敵な装丁、イラストで、何度も読み返したくなる本にしてくださった林あいさん、タカヤママキコさん。

私をいつも温かく見守ってくれている友達、家族にも、心から感謝しています。


本書で何度も繰り返し書いていますが、私が一番伝えたかったこと、それは「諦める前にやりきってほしい」ということ。

相手に本音を伝えられない。

どうせ彼の気持ちは変えられない……。

そんな思い込みを一度捨てて、素直に自分と向き合ってほしいのです。

恋愛となると、相手のことばかり見てしまいがちですが、幸せのヒントは相手ではなく、大抵自分の中にあります。あなた自身ですら見失っていた本音に気付き、大切な人に届けてほしいのです。

ケンカをしても大丈夫。

傷つけ合っても大丈夫。

全てが2人の関係を深めるきっかけになってくれます。

私はこの書籍を作っている間に、長くお付き合いしていた彼との別れを決断しました。この恋愛があったからこそ「今の私」がいること。とても感謝しています。そして、ここから更に私らしい幸せな毎日を描いていきます。起こる出来事は全て、未来に待つ「最高の幸せ」のためのプレゼント。


未来のために、素直になろう。優しくなろう。

あなたが、悔いのない恋愛をできること。私は、心より願っています。

西原愛香

Staff

ブックデザイン　林あい（FOR）
イラスト　タカヤママキコ
撮影　小林祐美
DTP　東京カラーフォト・プロセス株式会社
編集協力　有留もと子
編集　間有希

西原 愛香

（にしはら・あいか）

月間100万PV以上の人気ブログ『書いて叶える♡ 恋愛引き寄せノート』主宰。自己中心的な彼に振り回され人生最大の失恋。その後恋愛ノートで自分自身を見つめ直したところ、彼が驚くほど変わり、復縁した経験を持つ。これをきっかけに、2015年よりブログ、セッションなどで、自分を認めて理想の恋愛を引き寄せる方法を広める。中でも「ノートに書く」ことを推奨。自身もこれまで書いたことはほぼ叶えてきた。現実的な視点でポイントや盲点を分かりやすく伝え「今まで分からなかったことがやっと腑に落ちた！」と20〜40代の“引き寄せ迷子”な女性たちからも大きな支持を得る。

恋愛《れんあい》引《ひ》き寄《よ》せノート

「でも」「だって」が口《くち》グセだった私《わたし》が変《か》われた!

2017年10月26日　初版発行

著者　西原《にしはら》 愛香《あいか》
発行者　川金 正法
発行　株式会社 KADOKAWA
〒102-8177
東京都千代田区富士見 2-13-3
電話　0570-002-301（ナビダイヤル）
印刷所　大日本印刷株式会社

KADOKAWA カスタマーサポート
[電話] 0570-002-301（土日祝日を除く 10時～17時）
[WEB] http://www.kadokawa.co.jp/（「お問い合わせ」へお進みください）
※製造不良品につきましては上記窓口にて承ります。
※記述・収録内容を超えるご質問にはお答えできない場合があります。
※サポートは日本国内に限らせていただきます。

定価はカバーに表示してあります。

Printed in Japan
ISBN978-4-04-896074-8 C0076